东南土木·青年教师·科研论丛

大跨度悬索桥抖振数值模拟与现场实测
——平稳分析

王 浩 著
李爱群 审校

中央高校基本科研业务费专项资金资助

东南大学出版社
SOUTHEAST UNIVERSITY PRESS

·南京·

内 容 提 要

本书是作者攻读博士学位期间,在桥梁风效应及其健康监测领域、基于传统平稳分析理论所开展研究工作的总结。全书共分7章,内容包括绪论、设中央扣的大跨度悬索桥体系动力特性及其影响因素研究、基于SHMS的大跨度悬索桥有限元模型修正与验证、基于SHMS的大跨度悬索桥桥址区强风特性研究、台风作用下大跨度悬索桥抖振响应实测研究、台风作用下大跨度悬索桥抖振响应时域分析与实测对比研究、结论与展望。

本书可供从事桥梁风工程及桥梁结构健康监测领域的广大科技工作者和工程师使用,也可供上述专业领域的高年级本科生及研究生学习参考。

图书在版编目(CIP)数据

大跨度悬索桥抖振数值模拟与现场实测:平稳分析/王浩著. —南京:东南大学出版社,2015.12
(东南土木青年教师科研论丛)
ISBN 978-7-5641-6157-6

Ⅰ.①大… Ⅱ.①王… Ⅲ.①长跨桥－悬索桥－抖振－数值模拟 Ⅳ.①U488.25

中国版本图书馆 CIP 数据核字(2015)第 270879 号

大跨度悬索桥抖振数值模拟与现场实测——平稳分析

著　者	王　浩　　审　校　李爱群
责任编辑	丁　丁
编辑邮箱	d.d.00@163.com
出版发行	东南大学出版社
社　址	南京市四牌楼2号　邮编:210096
出版人	江建中
网　址	http://www.seupress.com
电子邮箱	press@seupress.com
经　销	全国各地新华书店
印　刷	兴化印刷有限责任公司
版　次	2015年12月第1版
印　次	2015年12月第1次印刷
开　本	787 mm×1 092 mm　1/16
印　张	8.75
字　数	197千
书　号	ISBN 978-7-5641-6157-6
定　价	39.00元

本社图书若有印装质量问题,请直接与营销部联系。电话(传真):025-83791830

序

　　作为社会经济发展的支柱性产业,土木工程是我国提升人居环境、改善交通条件、发展公共事业、扩大生产规模、促进商业发展、提升城市竞争力、开发和改造自然的基础性行业。随着社会的发展和科技的进步,基础设施的规模、功能、造型和相应的建筑技术越来越大型化、复杂化和多样化,对土木工程结构设计理论与建造技术提出了新的挑战。尤其经过三十多年的改革开放和创新发展,在土木工程基础理论、设计方法、建造技术及工程应用方面,均取得了卓越成就,特别是进入21世纪以来,在高层、大跨、超长、重载等建筑结构方面成绩尤其惊人,国家体育场馆、人民日报社新楼以及京沪高铁、东海大桥、珠港澳桥隧工程等高难度项目的建设更把技术革新推到了科研工作的前沿。未来,土木工程领域中仍将有许多课题和难题出现,需要我们探讨和攻克。

　　另一方面,环境问题特别是气候变异的影响将越来越受到重视,全球性的人口增长以及城镇化建设要求广泛采用可持续发展理念来实现节能减排。在可持续发展的国际大背景下,"高能耗""短寿命"的行业性弊病成为国内土木界面临的最严峻的问题,土木工程行业的技术进步已成为建设资源节约型、环境友好型社会的迫切需求。以利用预应力技术来实现节能减排为例,预应力的实现是以使用高强高性能材料为基础的,其中,高强预应力钢筋的强度是建筑用普通钢筋的3~4倍以上,而单位能耗只是略有增加;高性能混凝土比普通混凝土的强度高1倍以上甚至更多,而单位能耗相差不大;使用预应力技术,则可以节省混凝土和钢材20%~30%,随着高强钢筋、高强等级混凝土使用比例的增加,碳排放量将相应减少。

　　东南大学土木工程学科于1923年由时任国立东南大学首任工科主任的茅以升先生等人首倡成立。在茅以升、金宝桢、徐百川、梁治明、刘树勋、方福森、胡乾善、唐念慈、鲍恩湛、丁大钧、蒋永生等著名专家学者为代表的历代东大土木人的不懈努力下,土木工程系迅速壮大。如今,东南大学的土木工程学科以土木工程学院为主,交通学院、材料科学与工程学院以及能源与环境学院参与共同建设,目前拥有4位院士、6位国家千人计划特聘专家和4位国家青年千人计划入选者、7位长江学者和国家杰出青年基金获得者、2位国家级教学名师;科研成果获国家技术发明奖4项,国家科技进步奖20余项,在教育部学位与研究生教育发展中心主持的2012年全国学科评估排名中,土木工程位列全国第三。

　　近年来,东南大学土木工程学院特别注重青年教师的培养和发展,吸引了一批海外知名大学博士毕业青年才俊的加入,8人入选教育部新世纪优秀人才,8人在35岁前晋升教授或博导,有12位40岁以下年轻教师在近5年内留学海外1年以上。不远的将来,这些青年学者们将会成为我国土木工程行业的中坚力量。

　　时逢东南大学土木工程学科创建暨土木工程系（学院）成立90周年，东南大学土木工程学院组织出版《东南土木青年教师科研论丛》，将本学院青年教师在工程结构基本理论、新材料、新型结构体系、结构防灾减灾性能、工程管理等方面的最新研究成果及时整理出版。本丛书的出版，得益于东南大学出版社的大力支持，尤其是丁丁编辑的帮助，我们很感谢他们对出版年轻学者学术著作的热心扶持。最后，我们希望本丛书的出版对我国土木工程行业的发展与技术进步起到一定的推动作用，同时，希望丛书的编写者们继续努力，并挑起东大土木未来发展的重担。

　　东南大学土木工程学院领导让我为本丛书作序，我在《东南土木青年教师科研论丛》中写了上面这些话，算作序。

中国工程院院士：吕志涛

2013.12.23

前　言

特大跨径悬索桥以其卓越的跨越能力以及轻型、美观等特点,从20世纪90年代中期开始在我国得到了迅速发展,期间先后建成的大跨悬索桥包括主跨1 377 m的香港青马大桥(1997年)、主跨1 385 m的江阴长江大桥(1999年)、主跨1 490 m的润扬大桥(2005年)以及主跨1 650 m的舟山连岛工程西堠门大桥(2009年)等。由于很多特大规模的跨江跨海工程正处于建设阶段,我国未来20~30年仍将维持大规模建设的高峰,可以预见,随着现代经济和交通运输的不断发展,大跨度缆索支承桥梁将会有着更为广阔的工程应用前景,其跨度也将越来越大。

随着悬索桥主跨的不断增加,结构趋向柔性,对风的敏感性增大。同时,这些大桥通常跨越较宽的江河或海峡,其所处地区的风速往往较大,甚至有可能出现遭受台风正面袭击的情况,使得风荷载通常成为桥梁设计的主要控制荷载。1940年美国Tacoma悬索桥发生的颤振风毁事故更是给各国政府和科研机构敲响了警钟。就大跨度悬索桥风致抖振而言,由于跨度、桥宽的不断增加以及新材料、新型桥梁体系的出现,使得其抖振问题变得日益突出,当风速较高时,抖振内力和位移响应均将非常显著,有可能会引起桥梁构件的强度或疲劳破坏、车辆行驶不稳定等严重后果。

虽然经过数十年的发展,目前已可采用风洞实验、理论分析和数值计算等方法来进行桥梁抗风研究,但这些风振理论和方法存在大量简化和假设,使得现有风洞实验、理论分析和数值计算等分析手段还有待通过现场实测来进行检验,大跨度桥梁风振理论的精细化研究及实测验证也因此成为桥梁风工程研究的重点和热点。作者攻读博士学位期间有幸参与了润扬大桥结构健康监测系统(SHMS)的设计与实施,借助SHMS平台开展了基于现场实测数据的桥址区风环境及现有桥梁抖振分析方法的研究及验证工作,现将这些工作与体会整理成册,以期与读者共享。

本书是在作者博士论文的基础上进一步完善而来的,主要包括7章内容:第1章简要介绍了大跨度悬索桥SHMS、有限元模拟、风特性及风致抖振研究现状;第2章介绍了设置中央扣的大跨度悬索桥体系的多精度有限元模拟、动力特性及其影响因素;第3章介绍了采用SHMS和动静载试验数据进行大跨度悬索桥有限元模型修正及验证的方法,以及如何基于ANSYS的优化模块进行大跨度悬索桥的分阶段有限元模型修正;第4章介绍了近地大气边界层风特性分析方法,并据此开展了基于SHMS的大跨度悬索桥桥址区实测"麦莎"台风特性分析;第5章在简要介绍了润扬悬索桥振动监测子系统后,开展了基于SHMS的台风作用下大跨度悬索桥抖振响应实测分析;第6章介绍了现有斜风作用下的桥梁抖振分析理论、气动自激力的有限元模拟及其程序实现、基于 ANSYS 的大跨度桥梁风致抖振数值计算及其实现过程,据此开展了台风作用下大跨度悬索桥抖振响应时域数值计算,并采用台风作用下润扬悬索桥抖振响应实测结果对抖振数值计算结果进行了验证;第 7 章对上述内容进行了总结与展望。

本书由王浩负责编写了全书的主要内容,导师李爱群教授对全书的撰写完成进行了悉心指导。研究生杨敏参与了书稿的修改与校对工作。本书研究工作得到了国家自然科学基金项目(50538020,50378017)、国家"863"计划(2006AA04Z416)、教育部高等学校科技创新工程重大项目培育资金项目(704024)、东南大学优秀博士学位论文基金项目(YBJJ0508)以及国家重点工程科研项目"润扬大桥结构安全监测与评估系统"等资助。江苏省长江公路大桥建设指挥部提供了润扬长江大桥的相关设计资料及监测数据,江苏省优势学科对本书的出版给予了大力资助,工程界的很多单位和专家对书中的研究工作也给予了大力支持。作者在此一并感谢。

期望本书能对从事大跨度桥梁抗风及健康监测研究工作的同行们有所帮助。由于作者水平有限,本书虽经多次校对和讨论,但必定仍有诸多不足之处。在此,作者希望广大读者能够多多批评指正并反馈修改建议,在此深表谢意!

王　浩
东南大学土木工程学院
2015 年 10 月 10 日

目 录

第1章 绪 论 ·· 1
  1.1 本课题的研究背景 ·· 1
  1.2 大跨度桥梁 SHMS 研究现状 ··· 3
    1.2.1 大跨度桥梁 SHMS 概述 ·· 4
    1.2.2 大跨度桥梁 SHMS 工程应用概况 ··· 6
  1.3 大跨度悬索桥有限元模拟研究现状 ·· 6
    1.3.1 大跨度悬索桥发展概述 ·· 6
    1.3.2 大跨度悬索桥有限元模拟 ··· 8
    1.3.3 有限元模型修正技术 ··· 9
  1.4 大跨度桥梁风致抖振研究现状 ··· 10
    1.4.1 近地风的基本特性 ··· 11
    1.4.2 大跨度桥梁风致抖振 ·· 12
  1.5 本书的主要工作 ·· 14

第2章 设中央扣的大跨度悬索桥体系动力特性及其影响因素研究 ··········· 16
  2.1 引言 ·· 16
  2.2 润扬悬索桥多精度有限元模拟研究 ·· 17
    2.2.1 工程概况 ·· 17
    2.2.2 多精度空间有限元计算模型 ·· 19
  2.3 设中央扣的大跨度悬索桥体系动力特性研究 ································· 23
    2.3.1 基于 ANSYS 的悬索桥模态分析方法 ································· 23
    2.3.2 设中央扣的大跨度悬索桥动力特性分析 ····························· 23
    2.3.3 中央扣对大跨度悬索桥动力特性的影响 ····························· 25
    2.3.4 土-桩-结构相互作用对大跨度悬索桥动力特性的影响 ············ 27
  2.4 本章小结 ·· 30

第3章 基于 SHMS 的大跨度悬索桥有限元模型修正与验证 ···················· 32
  3.1 引言 ·· 32
  3.2 一种结构有限元模型修正的新方法 ·· 33

3.2.1　参数型修正的灵敏度分析···34
　　3.2.2　优化算法···36
　　3.2.3　有限元模型修正的一种新方法···41
3.3　润扬悬索桥成桥试验简介··43
　　3.3.1　环境随机振动测试···43
　　3.3.2　钢箱梁应力测试···45
3.4　润扬悬索桥有限元模型修正··46
　　3.4.1　桥塔结构有限元模型修正···47
　　3.4.2　全桥结构有限元模型修正···49
3.5　润扬悬索桥有限元模型验证··54
　　3.5.1　关键位移验证···55
　　3.5.2　钢箱梁应力验证···55
3.6　本章小结···58

第 4 章　基于 SHMS 的大跨度悬索桥桥址区强风特性研究···59
4.1　引言···59
4.2　近地大气边界层风特性分析方法··60
　　4.2.1　平均风速剖面特性···61
　　4.2.2　脉动风特性···61
4.3　风特性实测研究平台简介··64
　　4.3.1　润扬悬索桥风环境监测子系统···64
　　4.3.2　风速仪及其布置···65
4.4　润扬桥址区强风特性实测数据分析··66
　　4.4.1　平均风速和风向···66
　　4.4.2　风速随高度的变化规律···68
　　4.4.3　紊流强度和阵风因子···68
　　4.4.4　紊流积分尺度···70
　　4.4.5　紊流功率谱密度···71
4.5　本章小结···72

第 5 章　台风作用下大跨度悬索桥抖振响应实测研究···74
5.1　引言···74
5.2　润扬悬索桥振动监测子系统··76
　　5.2.1　主梁振动监测···76
　　5.2.2　缆索振动监测···76
　　5.2.3　主塔振动监测···77

5.3 润扬悬索桥抖振实测分析 78
   5.3.1 主梁实测抖振加速度响应分析 78
   5.3.2 缆索实测抖振加速度响应分析 85
5.4 本章小结 88

第6章 台风作用下大跨度悬索桥抖振响应时域分析与实测对比研究 91
6.1 引言 91
6.2 一种斜风作用下大跨悬索桥抖振响应时域分析实用方法 93
   6.2.1 Scanlan 平均风分解法的改进 93
   6.2.2 自激力的有限元模拟 95
   6.2.3 基于 APDL 语言的程序实现 97
6.3 抖振数值计算中的参数输入 99
   6.3.1 风场参数 99
   6.3.2 构件截面气动系数 99
   6.3.3 构件截面气动导数 99
6.4 抖振数值计算与现场实测结果的对比研究 101
   6.4.1 用于抖振分析的有限元模型 101
   6.4.2 主梁抖振加速度响应对比分析 101
   6.4.3 缆索抖振加速度响应对比分析 107
6.5 本章小节 111

第7章 总结与展望 112
7.1 主要研究工作总结 112
7.2 未来研究工作展望 115

参考文献 117

第 1 章 绪 论

1.1 本课题的研究背景

风灾是自然灾害中发生最频繁的一种。20 世纪 80 年代,德意志联邦共和国慕尼黑保险公司对西方发达国家损失 1 亿美元以上的自然灾害统计结果表明,风灾发生的频率高、次生灾害大,其中风灾的次数占自然灾害总次数的 51.4%,经济损失占自然灾害总损失的 40.5%。随着生产和建设的不断发展,与其他灾害损失一样,风灾损失也每年递增。按德国统计资料推算,世界风灾造成每年损失达 137.7 亿美元,但资料显示的实际风灾损失则更大,仅 1992 年安德鲁飓风横扫美国佛罗里达州,其损失就达 300 亿美元,7 家保险公司因无法承受赔偿而倒闭。孟加拉国在 1991 和 1994 年两次风灾中共造成 58 万人死亡,大量房屋倒塌,损失惊人。在我国,风灾损失也是十分惊人的,仅 1994 年 9415 号台风袭击浙江,就造成 80 多万间房屋倒塌和损坏,2397 km 的通信电杆倒毁,死亡 1000 多人,经济损失达 177.6 亿人民币。

近年来,全球气候变化较大,台风显得更加猖獗。2004 年台风"云娜"在浙江温岭登陆,登陆时最大风力在 12 级以上,最大风速达 58.7 m/s,创历史最高纪录。据统计,虽然采取了积极的防台措施,这次台风还是在浙江省造成 176 人死亡,倒塌房屋 6.43 万间,受灾人口达 1299 万人,直接经济损失即超过 200 亿人民币。2005 年的风灾损失更加惊人,8 月份的台风"麦莎"、"泰利",9 月份的台风"卡努"所经过的闽、浙、赣、皖、沪、苏等地区,造成直接经济损失就达到数百亿人民币。美国由于受飓风"卡特里娜"的袭击,损失更加惨重,据估计,仅在路易斯安那州造成的死亡人数就可能超过 1 万人,经济损失高达 1 万亿美元,超过了美国历史上其他任何一次自然灾害。2006 年第 8 号超强台风"桑美"8 月 10 日在浙江省温州市苍南县马站镇登陆,仅浙江省就有 18 个县(市、区)的 325 个乡镇 254.9 万人受灾,3.9 万间房屋倒塌,灾害造成的直接经济损失达到 127.37 亿。在"桑美"来袭前夕,温州开展了一场 50 余万人的生死大转移,还是有 193 人死亡,11 人失踪。

由此可见,风灾给人类生命财产造成了巨大的危害,这其中土木工程结构的损坏和倒塌是损失的主要部分之一。另一方面,我国当前正处于土木工程建设的蓬勃发展阶段,大量新型复杂结构体系不断出现,全面合理的抗风减振设计必不可少。因此,进行结构,尤其是高、大、细、长的柔性结构的抗风研究,具有重大的现实意义。作为大跨度柔性结构的典型代表,历史上大跨度悬索桥的风毁事故不断,1818—1940 年间,就至少有 11 座悬索桥毁于强风,见表 1.1[1-4]。

1940 年 11 月 7 日,美国华盛顿州建成才 4 个月的塔科马峡谷(Tacoma Narrows)悬索桥在 8 级大风(17~20 m/s)作用下发生强烈的风致振动而破坏,桥面经历了 70 min 振幅不断增大的反对称扭转振动,当桥面的 1/4 点达到±35°的扭转角时吊杆被逐根拉断,并最终导致桥面折断坠落到峡谷中。幸运的是,这次事故没有人员伤亡,而且当时在现场的一位摄影师完整地记录下了该桥风毁的全过程,给桥梁抗风研究提供了宝贵的资料。倒塌过程表明,临近倒塌前该桥主梁发生了明显的反对称扭转振动。进一步调查还发现,表 1.1 中的事故大都是由风致振动所致。

表 1.1　悬索桥风毁事故

桥名	所在国家或地区	主跨(ft)	风毁年份
Dryburgh Abbey	苏格兰	260	1818
Union	英格兰	449	1821
Nassau	德国	245	1834
Brighton Chair Pier	英格兰	255	1836
Montrose	苏格兰	432	1838
Menai Strait	威尔士	580	1839
Roche-Beruard	法国	641	1852
Wheeling	美国	1 010	1854
Lewiston-Queenston	美国	1 041	1864
Nigara-Clifton	美国	1 260	1889
Tacoma Narrows	美国	2 800	1940

在塔科马悬索桥风毁发生以前的很长时间内,人们一直都把风对结构的作用看成是一种由风压所形成的静力作用,设计过程中仅考虑静力风荷载的作用。这一重大事故使桥梁工程师们开始认识到风的作用不仅仅是静力作用,由此提出了风致振动的问题。在这一重大事故的推动下,桥梁工程师与空气动力学专家密切合作,致力于桥梁风效应特别是风致振动的研究,航空空气动力学的成果与研究方法被应用和改造,使之适合于桥梁等结构抗风研究的需要,从而开始了桥梁抗风理论研究的新时期,并在桥梁工程这一领域逐渐形成了"桥梁风工程学"这一新兴学科。桥梁风工程研究在桥址处各种可能的风场条件下,桥梁结构的静力效应与动力响应,为新建桥梁的设计施工提供解决方案。其中大跨度柔性桥梁如悬索桥和斜拉桥等是桥梁风工程研究的重点[5-6]。

经过 60 多年的发展,桥梁风工程研究已经取得了长足的进步,为桥梁结构的抗风设计奠定了理论基础并提供了积极有效的分析手段[7-11]。就普通桥梁结构而言,现有的抗风理论和方法就完全可以满足设计要求。然而在刚过去的 20 世纪,随着桥梁计算理论和建造技术的迅猛发展,世界桥梁工程取得了辉煌的成就,悬索桥的跨度纪录不断被刷新。美国在 1960 年代以前就成功建造了 4 座跨度在 1 000 m 以上的悬索桥。日本和丹麦两个岛国则成为桥梁强国的后起之秀,于20世纪末期分别建造了世界桥梁史上两座里程碑式的桥梁:明石海峡大桥和Great Belt East桥。我国于20世纪80年代初开始进入大跨度桥梁建设的新时代,取得了举世瞩目的成就。我国的润扬长江公路大桥南汊悬索桥(以下简称润扬悬索桥)、江阴长江大桥和香港青马大桥跨度均进入世界前十。

对于这些大跨度缆索承重桥梁而言,随着桥跨的不断增加,结构刚度大幅下降,使得风致振动对其安全性的影响尤为重要,因此需要进行专门的抗风设计与研究。鉴于塔科马桥的灾难性后果,大跨度悬索桥颤振成为当时最受关注和需要首先着力解决的问题。目前,通过对桥梁截面进行优化和提高结构刚度,已经基本可以避免大跨度桥梁在设计使用期限内发生风致颤振,或提高颤振临界风速至超过当地百年一遇的统计风速,但由于颤振的防范与抖振的缓解之间无必然联系,跨度及桥宽却不断增加,使得风致抖振问题变得日益突出,成为桥梁风工程研究的焦点[12]。作为桥梁风工程研究的重要手段之一,既有桥梁抖振响应现场实测研究可用于检验现有桥梁抖振响应计算理论、确定适合桥址所在地区气候条件的强风特性及风谱模型、分析桥梁抖振计算中的关键影响因素,以及深入探讨大跨度桥梁结构的抖振性能及其机理等,因而具有重大的理论和实际意义。

另一方面,随着近年来对大跨度桥梁运营过程中健康状况的日益重视,国内外重要的大跨度桥梁大多设置了包括风速风向仪和结构响应(应变、振动、位移等)测量仪器设备在内的结构健康监测系统(SHMS)。如润扬长江公路大桥、江阴长江大桥、苏通长江大桥、上海徐浦大桥、滨州黄河公路大桥、香港青马大桥、丹麦Great Belt East悬索桥、日本明石海峡大桥等,为基于SHMS的大跨度桥梁抖振响应实测案例研究提供了良好的平台[13-38]。但在这方面进行的研究工作显然还很不够,可以查到的也只有以上关于香港青马大桥的几篇文献[39-41]。因此,研究分析处理SHMS实测桥址区风特性以及与之对应的结构振动响应数据的方法,为大跨度桥梁抖振响应提供更多的实测案例,是桥梁风工程领域具有重要意义的课题。

本书以国家重点工程——主跨1 490 m(中国第一、世界第三)的润扬悬索桥为研究对象,在国家"863计划"项目(2006AA04Z416)、国家自然科学基金重点项目(50538020)、教育部高等学校科技创新工程重大项目培育资金项目(704024)、东南大学优秀博士学位论文基金项目(YBJJ0508)等的共同资助下,深入分析了设中央扣的大跨度悬索桥体系的动力特性及其关键影响因素,结合润扬悬索桥现场静动载试验数据及SHMS实时记录的数据,研究面向风致振动分析的大跨度悬索桥有限元基准模型的建模策略,在此基础上开展基于SHMS的大跨度悬索桥风致抖振分析实用方法及实测案例研究。

1.2 大跨度桥梁SHMS研究现状

大型桥梁随着桥龄的增长,由于气候、环境等自然因素的作用和日益增加的交通量及重车、超重车过桥数量的不断增加,桥梁结构的安全性和使用功能也必然发生退化。随着经济迅速发展,对于交通运输能力的要求不断提高,加上全球地震、风暴等自然灾害的增加,不少桥梁结构已呈现老化和功能退化趋势,致使结构的承载能力和耐久性不断降低,甚至影响到桥梁运营安全。同时,作为投资巨大的标志性建筑,现代大跨度桥梁的发展趋势是更长、更轻柔、更美观、结构形式与功能日趋复杂,其安全运营因此成为政府和社会普遍关注的重要问题。

因此,为了把握桥梁结构在营运期间的承载能力、营运状态、安全性和耐久性等,确保特大跨度桥梁的结构安全、实施经济合理的维修计划、实现安全经济的运行及查明不可接受的响应原因,建立大跨度桥梁 SHMS 是非常必要的。大型桥梁的健康监测技术也因此成为桥梁工程学科研究和发展的一个重要领域[13-38]。

1.2.1 大跨度桥梁 SHMS 概述

建立桥梁 SHMS,即应用现代化的传感技术、测试技术、计算机技术、现代网络通讯通信技术对桥梁的工作环境、桥梁的结构状态以及在车载、风载等各类外部荷载因素作用下的结构响应进行实时监测和研究,及时掌握桥梁的结构状态,全面了解桥梁的运营条件及质量退化状况,以便为桥梁的运营管理、养护维修、可靠性评估以及科学研究提供依据。因此,桥梁 SHMS 对确保其运营安全,及早发现桥梁病害,延长桥梁的使用寿命起着积极的作用。与传统的检测加固技术不同,大型桥梁健康监测与评估不仅要求在测试上具有快速大容量的信息采集与通讯能力,而且力求对结构整体行为进行实时监控、对结构工作状态进行智能化预测与评价。

鉴于大跨度桥梁 SHMS 的重大意义,许多大型国际会议如结构健康监测国际会议(SHMII)、国际模态会议(IMAC)等都把其作为一个专题来进行讨论研究。国内外的许多学者也对结构健康监测领域的发展进行了详细的综述和总结,如文献[13-19]、[42-46]等。

1) 组成部分

大跨度桥梁 SHMS 的基本组成部分及其原理大致相同,如图 1.1 所示。本书以润扬悬索桥 SHMS 为例进行介绍,部分内容可参见文献[20]。

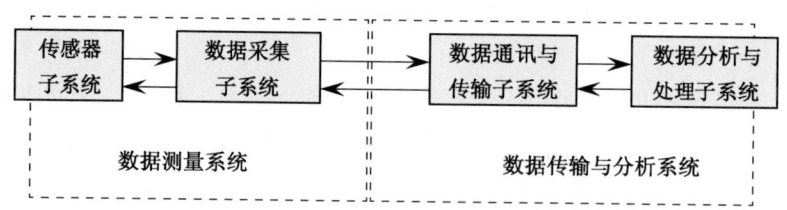

图 1.1 润扬悬索桥 SHMS 构成

润扬悬索桥 SHMS 包括四个集成模块:①传感器子系统(Sensory Subsystem)。以技术先进、经济合理、性能可靠适用、长期稳定、满足监测目标为原则确定大桥传感器的选型,并进行传感器及其测点优化布置。该桥安装的传感器包括风速仪、温度传感器、几何测量系统(位移计、水平仪、倾角仪、GPS)、应变计、测力传感器、车轴车速仪、加速度传感器,以及信号放大器、调理器等附件。②数据采集子系统(Data Acquisition Subsystem,DAS)。包括安装在大桥箱梁内的数个由微电脑控制的数据采集站。每个采集站是基于 PC 机的数据采集和分站。主要功能是收集由传感器传来的数据,进行读数的信号调理、采集数据的初步处理和储存,然后通过光缆传到监测中心的数据处理和分析系统。③数据通讯与传输子系统(Data Communication and Transmitting Subsystem,DCTS)。将处理过的数据传输到监控中心。包括网络操作系统平台、站点的设立、安全监测局域网的网络协议、与其他局域网或主干网的连接。④数据分析与处理子系统(Data Processing & Analysis Subsystem,DPAS)。用数台高性能工作站连接桥上数台DAS(根据传感器布置具体情况确定)形成一个计算机网络。工作站安装在大桥监控管理中心,并配置所需的数据显示软件。工作站分别实现采集数据处理、结构监测图形显示、系统控制管理与维护、结构分析评估及专家诊断。

2)监控内容

由于大跨度桥梁本身的规模、重要性、投资、服役环境以及服役期内性能退化情况等的不同,不同桥梁的监控内容会存在一定的差别。通常情况下,大跨度桥梁SHMS主要对以下几方面进行监控:①桥梁结构的振动模态及其相对应的结构阻尼;②桥梁在正常车辆荷载及风载作用下的结构响应(如内力、位移、振动响应等)和力学状态;③桥梁结构在突发事件(如强烈地震、意外大风、超重车过桥、桥墩或桥塔被撞击等严重事故)之后的损伤情况;④桥梁结构构件的真实疲劳状况;⑤桥梁重要非结构构件(如支座)和附属设施(如斜拉桥振动控制装置)的工作状态;⑥大桥桥址区的环境条件,如风速、温度、地面运动等。

针对润扬悬索桥自身的结构特点,其SHMS中除了对大桥的车流量、车辆荷载状况(车载、车速及车流量)、桥址处的气候环境(风速、风向)、地动脉、索塔沉降等进行监测之外,还包括主塔、主梁的位移,钢箱梁关键截面的应力分布、温度,锚室主缆索股拉力,主梁、主塔、主缆和吊杆的振动特性。

3)系统功能

大型桥梁由于其桥型、重要性、使用年限等因素的不同,其SHMS的预期目标因此有所不同,本书以润扬悬索桥为例进行介绍。该桥SHMS主要包括如下几个方面的功能:①报告大桥在各种工作环境下的结构载荷变化;②设定日常信道报警系统,用于桥梁的日常运营管理;③报告大桥各主要构件的实际工作状况,为结构维护提供依据;④报告大桥主要构件有否任何损坏或者累积性的损伤并设立报警系统;⑤对大桥主要构件有否潜在损坏及其主要构件的剩余使用寿命进行评估;⑥对大桥结构的健康状况和安全可靠性进行评估。

需要指出,桥梁SHMS绝不仅仅只是为了对结构工作状态进行简单的监控与预测。通常桥梁设计所依据的理论以及有限元计算模型本身都隐含了多种理想化假定或简化,有限元分析所得桥梁结构力学特性和响应与实际之间不可避免地存在着一定的误差。桥梁SHMS所实时监测的实际结构动静力响应可用于对结构有限元模型进行修正和验证,以建立能够更真实地代表实际结构系统的有限元基准模型,并进一步检验大桥设计理论和计算模型中的各种假定。因此,SHMS实测数据为结构有限元模型高效精确地预测和评估大型桥梁各种复杂动静力行为提供了前提条件。

桥梁健康监测信息反馈于结构设计的更深远意义在于,结构设计方法与相应的规范标准等可能得以改进,并且对桥梁在各种交通条件和自然环境下的真实行为的理解以及对环境荷载的合理建模是将来实现桥梁"虚拟设计"的基础。另外,桥梁 SHMS 带来的将不仅是对某特定桥梁设计的反思,还可能成为桥梁研究的"现场实验室"。由营运中的桥梁结构及其环境所获得的信息不仅是理论研究和实验室调查的补充,而且可以提供有关结构行为与环境规律的最真实的信息。因此,大型桥梁 SHMS 被赋予了结构监控与评估、设计验证和研究与发展三方面的意义。

1.2.2 大跨度桥梁 SHMS 工程应用概况

国外从 20 世纪 80 年代中后期开始建立各种规模的桥梁 SHMS。例如丹麦曾对总长 1 726 m 的 Faroe 跨海斜拉大桥进行施工阶段及通车首年的监测,旨在检查关键的设计参数,监测施工危险阶段以及获取开发优化的监控维护系统所必需的桥梁健康记录,另外他们在主跨 1 624 m 的 Great Belt East 悬索桥上已开始尝试把极端记录与正常记录分开处理的技术以期减小数据存量等。国外建立了 SHMS 的典型桥梁还有日本明石海峡大桥、挪威的 Skarnsunder 斜拉桥、美国的 Sunshine Skyway 斜拉桥、加拿大的 Confederation 梁桥、英国的 Foyle 梁桥和 Flintshire 斜拉桥等。

我国自 20 世纪 90 年代起也在一些大型重要桥梁上安装了不同规模的 SHMS。如在香港的青马桥上安装的保证桥梁运营阶段安全的"风和结构健康监测系统"(Wind and Structural Health Monitoring System,WASHMS),监测作用在桥梁上的外部荷载(包括风荷载、地震荷载以及车辆荷载等)和桥梁结构的响应等,该系统是迄今建造的规模最大的、最复杂的大型桥梁 SHMS。在上海徐浦大桥、卢浦大桥、南京长江大桥、南京长江二桥、滨州黄河公路大桥等大型桥梁上也都安装了类似的结构状态监测系统[20-24]。

桥梁健康监测研究涉及振动理论、传感技术、测试技术、系统辨识理论、信号分析处理、数据通信、计算机、随机过程和可靠度等多门学科,是个非常复杂的系统工程。虽然国内外重要的大跨度桥梁大多设置了 SHMS,然而这些系统经常仅限于数据采集和保存,而在对监测数据进行科学管理方面、应用监测数据进行桥址区环境荷载特性分析、桥梁结构行为分析及理论验证、结构健康状态诊断、建立科学合理的桥梁评估体系等方面还有许多问题亟待研究。但可以相信,随着大型结构健康监测的理论和技术水平的不断完善与提高,通过各学科研究人员的共同努力,大跨度桥梁结构健康监测系统必将为大跨度桥梁的正常运营和维护提供可靠、先进的技术手段,从而确保大跨度桥梁的安全性和耐久性。

1.3 大跨度悬索桥有限元模拟研究现状

1.3.1 大跨度悬索桥发展概述

悬索桥,又称吊桥,是一种古老而又充满现代活力的桥型。很早以前人们就利用藤条和竹子等材料来制作吊桥,用以解决交通问题。我国四川省大渡河上由九条铁链组成的泸定桥（$L=100$ m）建于1706年，是最早用铁链建成的吊桥。随着建筑材料和建筑技术的发展，钢丝和钢铰线等现代钢材制造的承重缆索开始在悬索桥中得到广泛应用，期间悬索桥的计算理论也开始形成并不断得到发展，大致经过了三个发展阶段：弹性理论、挠度理论和有限位移理论。由于悬索桥构造简单，受力明确，且跨度愈大，造价竞争力愈强，被公认为是特大跨度桥梁的主要结构形式，这些都使得悬索桥的跨度记录被不断地刷新。国内外已建成的大跨度悬索桥见表1.2[47-51]。

表1.2　国内外已建成的大跨度悬索桥（截至2005年）

桥名	跨度(m)	建成年份	所在国家
布鲁克林桥(Brooklyn)	284+486+284	1883	美国
乔治·华盛顿桥(George Washington)	186+1 067+198	1931	美国
金门大桥(Golden Gate)	343+1 280+343	1937	美国
麦基诺海峡桥(Mackinac Strait)	547+1 158+547	1957	美国
维拉扎诺海峡桥(Verrazano-Narrows)	370+1 298+370	1964	美国
塔科马新桥(Tacoma Narrows)	334+853+334	1950	美国
4月25日桥(Salazar)	483+1 013+483	1966	葡萄牙
大带东桥(Great Belt East)	535+1 624+535	1998	丹麦
福斯路大桥(Forth Road)	408+1 006+408	1964	英国
塞文桥(Severn)	305+988+305	1966	英国
恒伯尔桥(Humber)	280+1 410+530	1981	英国
博斯普鲁斯一桥(Bosporus I)	主跨1 074	1973	土耳其
博斯普鲁斯二桥(Bosporus II)	主跨1 090	1988	土耳其
霍加考斯特桥(Hoga Kusten)	310+1 210+280	1997	瑞典
北备赞濑户大桥(Kite Bisan-seto)	主跨990	1988	日本
南备赞濑户大桥(Minami Bisan-seto)	274+1 100+274	1988	日本
明石海峡大桥	960+1 991+960	1998	日本
来岛二号大桥	250+1 020+245	1999	日本
来岛三号大桥	260+1 030+280	1999	日本
汕头海湾大桥	154+452+154	1995	中国
西陵长江大桥	主跨900	1996	中国
丰都长江大桥	主跨450	1997	中国
厦门海沧大桥	230+648+230	1997	中国
虎门珠江大桥	主跨888	1997	中国
香港青马大桥	355.5+1 377	1997	中国
江阴长江大桥	主跨1 385	1999	中国
润扬悬索桥	470+1 490+470	2005	中国

注：本表主要按照"所在国家"排序，在同一国家则按照建成时间排序。

1931年，世界上首座跨度突破1 000 m的乔治·华盛顿悬索桥（主跨1 067 m）在纽约建成。1937年在旧金山又建成了主跨为1 280 m的金门大桥,此桥曾保持世界最大跨度的纪录长达27年之久。这些大桥的建成使悬索桥有了突破性的进展。1940年发生的旧塔科马桥风毁事故,使得悬索桥的发展停滞了近十年。1950年,塔科马桥得以重建,悬索桥也重新得到了发展。1964年美国建成跨度1 298 m的维拉扎诺海峡悬索桥,1981年英国建成了跨度为1 410 m的恒伯尔桥。日本从1970年代开始发展悬索桥,并在这方面作出了很大的努力和取得了可观的成绩。日本悬索桥的发展主要是通过本州—四国联络桥的修建开始的,其中有11座大跨度的悬索桥,包括1998年建成的明石海峡大桥(主跨1 991 m),是目前世界上跨度最大的悬索桥,丹麦则于同一年建成了另一座里程碑式的悬索桥——世界上跨度第二大的Great Belt East桥(主跨1 624 m)。

我国直至近三十年来,随着交通运输业的迅速发展和我国经济科技实力的增强,才开始兴建现代大跨度悬索桥。1995年建成的主跨452 m的预应力混凝土加劲梁悬索桥——汕头海湾大桥,是世界上同类型桥梁中跨度较大的,此后又相继建成了几座跨度较大的悬索桥,如厦门海沧大桥、广东虎门珠江大桥等。其中1997年建成的主跨为1 377 m的香港青马大桥、1999年建成的主跨为1 385 m的江阴长江大桥,以及2005年建成的主跨为1 490 m的润扬长江大桥南汊悬索桥,已大大缩短了我国悬索桥与国外水平的差距。

截至2005年,世界上跨度前三位的悬索桥分别是日本的明石海峡大桥、丹麦的Great Belt East桥和我国的润扬悬索桥。意大利正在计划在意大利本土与西西里岛之间的建造主跨为3 300 m的墨西纳海峡桥(Messina Strait)。日本也正在计划修建2 500~3 000 m跨度的纪淡海峡大桥,并且规划着跨越丰预海峡及津轻海峡3 000 m以上跨度的长大悬索桥方案。而连接欧非大陆的直布罗陀海峡通道也已提出了跨度5 000 m的悬索桥方案。我国有着漫长的海岸线、江河纵横,目前正在进一步完善公路网的建设,同时大规模的跨海工程也纷纷上马。如跨越长江的常泰通道、上海的崇明越江通道、杭州湾通道、渤海湾工程以及舟山联岛工程等,都已进入前期准备或实施建设工作。因此可以预见,随着全国交通网络的不断发展、结构计算理论的不断完善以及建筑材料的不断创新,悬索桥将会有着更为广阔的工程应用前景[52-55]。

1.3.2 大跨度悬索桥有限元模拟

建立大跨度桥梁结构的有限元计算模型,是分析其动静力响应的前提和基础。有限元建模过程中应该着重于结构刚度、质量和边界条件的模拟,使它们尽量与实际结构相符。其中结构的刚度模拟主要指杆件的轴向刚度、弯曲刚度、剪切刚度、扭转刚度,有时也包括翘曲刚度的模拟以及各杆件之间的相互连接刚度如伸缩缝的模拟等。结构的质量模拟主要指杆件的平动质量和转动惯量的模拟。边界条件的模拟应和结构的支承条件相符,主要包括支座的形式、基础等。由于以上三个主要因素与结构的动力特性直接相关,而结构的动力特性又是结构抗风抗震分析的基础,因此对它们的处理直接影响到动力计算结果,至关重要。目前对于桥面系常用的有以下几种模拟方式:脊骨梁模型、双主梁模型、三主梁模型、板壳模型等,下面就这些模拟方式及其优缺点进行简要评述[55-57]。

脊骨梁模型中的等效梁单元采用经典的两节点、每节点6个自由度梁单元,由于无论采用通用大型有限元软件还是工程结构专用分析程序,都可以方便实现建模,故脊骨梁模型在目前的有限元计算中使用最多。它把桥面系的刚度和质量都集中在中间节点上,节点和拉索之间采用刚臂连接。其优点是能够准确模拟主梁的刚度系统和质量系统,缺点为不能充分考虑横梁的刚度和主梁的翘曲刚度,因此适合模拟具有较大的纯扭转刚度的桥面系(此时翘曲刚度可忽略不计),对于翘曲刚度在模态分析中影响显著的开口截面的桥梁,则会带来较大误差。另外需要注意刚臂的刚度取值不当会对自振频率值有所影响。

双主梁模型中包含两片主梁,中间用横梁联系,主梁间距取为两索面的距离,横梁间距取为索距。每片主梁的面积和竖向挠曲惯性矩均取为主梁截面值的一半,横向刚度采用挠度相等原理计算等代刚度,横梁的刚度采用实际刚度。桥面系的质量堆聚在两侧主梁和中间横梁上,通过调整它们之间质量分布的比值,使平动质量和转动惯量满足全截面值的要求。此类模型的优点是横梁刚度与实际结构相符,且由于主梁分布在两侧,可提供部分翘曲刚度,缺点是截面的横向刚度失真。

三主梁模型由位于桥轴线上的中梁和位于索面处的两片边梁组成,三片主梁之间通过刚臂连接。其中横向刚度全部集中于中梁上,竖向刚度、扭转刚度则分配于三片主梁上。质量系统则即可全部集中在中梁上,也可分配到三片梁上。三主梁模型由于可以很方便地模拟桥面的翘曲刚度,显著提高了自由扭转刚度较小的开口截面形式桥面系的模拟精度。但由于纯扭转刚度可以在三个主梁上的任意分配,这增大了计算过程中的不确定性和复杂性。

上述模型均采用高度近似的方法对桥面系进行模拟。从研究桥梁的动力特性的角度来看,这些模型已经具有足够的精度,完全可以满足相应研究的要求,但这些简化产生了以下问题:①不能对加劲结构的局部内力与应力做出精确的计算。②无法考虑加劲梁的畸变、剪力滞效应等的影响。③无法考虑加劲梁的局部受力,如失稳、屈曲等。显然这些模型还不能满足结构状态评估的需要。近年来,随着计算机软硬件水平的迅猛发展,一些学者开始尝试使用板壳单元来进行桥面系的模拟,提出了板壳模型[58-59],为了提高计算效率还引入了子结构(Substructure)[60]、子模型(Submodel)[61-62]以及组合单元(Combined Element)[63]等计算技术[64-65]。这类模型的优点是可以准确的模拟桥面系的横向、竖向、扭转以及翘曲刚度,深入了解结构的局部效应,缺点是对于大跨度桥梁结构而言,即使引入了子结构等计算技术,对计算机性能要求仍较高,建模过程复杂繁琐,庞大的模型还增大了计算中发生意外的概率。而且对于大跨度桥梁结构的抗风抗震分析而言,很多时候并不需要描述构件的细部响应特征,只须反映出结构响应的整体分布情况便可,因此没有必要进行过于精细的有限元模拟[57]。

1.3.3 有限元模型修正技术

20世纪60年代以来,航空航天领域的工程师们就开始研究建立实际结构的精确有限元模型,以研究结构的动力响应问题。模型修正的基本思想是使用动力测试资料,如模态参数、加速度时程数据、频率响应函数等,通过条件优化约束,不断地修正模型中的刚度分布,使理论分析所得响应尽可能地接近由测试得到的结构动态响应,并且可以通过修正后的模型预测未能测试的响应。

1965年,Guyan发表了模型缩聚方面的文章,就涉及了模型修正的早期思想[66]。1971,Berman等[67]首次发表有关模型修正的文章,从此人们在该领域已进行了大量的研究工作,发展了许多的模型修正方法。根据修正的对象,模型修正方法大致可分为两类:矩阵型修正法和参数型修正法。矩阵型修正法依据摄动理论,直接对结构或子结构的总体质量矩阵和刚度矩阵进行摄动,代入控制方程求出摄动量,进而实现矩阵的修正;参数型修正法则是通过具体的算法来修正结构参数,以减少结构模型计算值与实测值的偏差,实现模型的修正。

1978年,Baruch等[68]假设质量矩阵是正确的,提出修改模态振型以满足质量正交条件的方法,将修改后的模态振型和质量矩阵一起用于修正结构的刚度矩阵。但Berman等[69]指出这种以模态振型为目标函数的修正方法有时会导致很不理想的结果,并且建议把实测模态振型是正确的作为假设,以进行系统矩阵的修正。

由于测试模态集不完备、测试自由度不足以及测量信噪比低的原因,很少能够给出修正所需的足够信息,导致了解的不唯一,这一缺点在大型土木工程结构中表现得更加明显。对此,1983年Berman等人又提出了一种基于部分测量数据的模型修正方法[70-71],该法首先对结构模态进行理论分析,然后同时对结构的刚度和质量矩阵进行修改,此后1985年,Kabe等[72]又提出基于模态数据的刚度矩阵修正法,Kammer等[73]将结构矩阵修正法用于线性系统的识别。在实际工程应用当中,Law、李兆霞等学者又开始进行精细化模拟和修正方面的研究[23-24, 74-75]。

随着各种数学方法如罚函数[26]、Lagrange[76]乘子等法的引入,模型修正领域已发展了许多的计算方法,包括基于模糊数学的修正方法[77]、基于复模态的修正方法[78]、基于Bayes的修正方法[79-83]、基于频响函数的修正方法[84-85]、基于灵敏度分析的修正方法[21-22, 86-89]等。近年来,一些学者又把神经网络和遗传算法等数学手段引入到模型修正技术中[90-93],以避免一般模型修正理论中对反问题的求解。这些方法在实际应用过程中又存在着各种改进和相互的组合。由于各种修正方法的准则存在不同,具有不同的针对性,因此各有其优缺点。

利用已有的模型修正理论,国内外学者已经进行了一些工程应用。如范立础、袁万城等采用特征值灵敏度分析法,实现了对大跨度悬索桥结构模型的修正[86];Ren W X等人通过对部分设计参数的修改,对Roebling悬索桥有限元模型进行了修正[34];Wu J R & Li Q S等人以南京电视塔为工程背景,实现了对高层建筑结构模型的修正[88];徐丽、易伟建对一框架结构模型进行了修正[35];Wang H & Li A Q等提出一种新的模型修正方法,并应用于润扬悬索桥有限元模型的修正[21]。

1.4 大跨度桥梁风致抖振研究现状

风对桥梁的作用是一种十分复杂的现象,它受到风的自然特性、结构的动力性能以及风与结构相互作用等三方面的制约。当风绕过一般为非流线形截面的桥梁结构时,会产生旋涡和流动的分离,形成复杂的空气作用力。当桥梁结构的刚度较大时,结构保持静止不动,这种空气力的作用只相当于静力作用。当桥梁结构的刚度较小时,结构振动受到激发,这时空气力的作用不仅具有静力作用,而且具有动力作用[6]。

风的静力作用会引起桥梁结构的变形,产生结构强度和静风稳定性问题。对于大跨度悬索桥而言,除了考虑风的静力作用外,更为重要的是考虑风的动力作用即风致振动。桥梁的风致振动可分为两大类:一类是当风速达到某一临界值时,桥梁振幅不断增大,直至产生使结构破坏的自激振动,它是一种发散振动,主要包括颤振和驰振两种主要形态;另一类是限幅振动,这类振动引起的结构振幅有限,不会发散,主要包括抖振和涡激振动等。其中抖振是一种强迫振动,虽然不至于造成风毁事故,但也是非常危险的。它会影响到施工及行车的安全,减少桥梁结构的疲劳寿命。涡激振动是由于气流经过桥梁后产生旋涡并脱落引起的,当风速位于某一区段时,旋涡脱落频率正好接近桥梁频率,还会导致自激共振[94]。

塔科马桥风毁事故发生之后的 60 多年来,桥梁风工程研究在理论和工程实践上都取得了巨大的进步,为世界大跨度桥梁的不断发展做出了重要贡献。至今为止,类似旧塔科马桥的大跨度桥梁突发性风毁事故再也没有重演。然而,科学的研究是无止境的。桥梁风工程领域也还存在着一些薄弱点,需要广大的桥梁工程师进一步的努力工作。1998 年 5 月在丹麦哥本哈根为庆祝主跨 1 624 m 的丹麦大带东桥胜利建成通车的特别桥梁会议上,与会专家对 21 世纪桥梁风工程领域的研究热点进行了展望,主要包括:①加强现场实测案例研究(Case Study),为气弹分析理论和风洞试验技术提供验证和校正。②加强数值方法(Computational Fluid Dynamics,CFD)的研究,这是未来桥梁风工程发展的方向,将最终成为桥梁抗风设计的主要手段。③加强拉索动力学的研究。会议为桥梁风工程的发展指明了方向[1]。

1.4.1　近地风的基本特性

风是一种常见的自然现象。由于结构物主要受所在地近地风的影响,从工程结构抗风研究的角度而言,了解自然风的基本特性主要是近地强风的基本特性。对近地风特性的掌握是结构物抗风设计与检算的基本依据,因此,近地风特性的研究是结构风工程领域的基础性工作。工程应用上,随机的自然风通常被分解为平均风和脉动风分别加以研究。

Davenport A G 教授在 20 世纪 60 年代建立的结构顺风向风荷载计算模型[7],已成为各国进行风工程研究以及制定风荷载规范的基础。为了能够准确计算出作用在结构上的风荷载,就必须准确模拟出作用在结构上的风特性。这些风特性主要包括平均风特性(如平均风速风向、风速随高度的变化规律等)和脉动风特性(如紊流强度、紊流积分尺度、功率谱密度函数等),而掌握某地区风特性的最有效方法,就是对该地区进行大量风实测,然后对实测数据进行统计分析处理。Davenport 教授就曾根据世界上不同地点、不同高度处测得的 90 多次强风记录拟合得到水平脉动风速谱[1-6]。

过去风特性的相关资料主要来自于各气象站,采用的是旋转杯式风速仪,由于仪器惯性太大,采样频率很低,所测得的是具有一定时距的平均风。近50年来,随着测试技术和制造技术的提升,风速风向仪的发展很快,从较灵敏的螺旋桨式风速仪发展到激光、超声以及微波风速仪,如英国Gill公司生产的三维超声风速仪的采样频率已达到100 Hz,精度高、抗干扰能力强,可测量出空气的微小瞬时运动,但这些高性能风速仪的价格非常昂贵,限制了其广泛应用。此后,国外在台风气候模式方面的研究取得了不少进展,一些风工程领域研究开展较早的国家如挪威、英国、加拿大、美国和日本等,都已经建立了部分地区的风特性数据库[95-100]。国内一些学者也进行过现场风特性的观测研究[39-41, 101-106]。

已有研究表明,规范建议的各种脉动风功率谱,如Davenport谱、Kaimal谱以及Panofsky谱等,与每次实测所得风谱均存在一定差别,这必将直接影响到风致振动分析结果。同时由于早期的风特性数据库主要是针对气象学应用,大多数气象站台都设立在空旷地区,而非结构物本身所处地点,因此,这些实测数据能否适用于粗糙度日益增大的城市中的结构物抗风,有待进一步的研究。此外,大跨高耸结构的抖振响应特性对风的空间相关特性非常敏感,而这方面缺乏实测数据,直接影响到计算结果的可靠性。以上都表明,需要大力加强结构物所在地区的风特性的实测研究[53]。

值得一提的是,随着近年来对重要结构健康状况的日益重视而发展起来的结构健康监测系统,大都安装了数量不等的风速风向仪,为结构物所在地区的风特性实测研究提供了良好的平台。因此,如何利用好这些实测风特性数据,是结构风工程领域具有工程实际意义和重要价值的研究课题。

1.4.2 大跨度桥梁风致抖振

桥梁结构的紊流风响应被称为抖振。顾名思义,紊流风响应是由短周期的脉动风引起的强迫振动。桥梁抖振可以分为桥梁结构自身尾流引起的尾流抖振、其他结构物尾流引起的抖振以及大气紊流引起的抖振。显然,对于任何暴露于自然紊流风场中的桥梁,都会不可避免地出现随机的抖振现象,并且随着风速的增加,抖振响应的幅度也将超线性的增加,因此,对于现代大跨度缆索承重桥梁,当设计风速较高时,抖振位移和内力响应都将非常显著,很可能会引起桥梁构件的强度或疲劳破坏、汽车行驶的不稳定以及影响施工安全等严重后果,因此不容忽视,在设计阶段必须加以充分考虑。可以预见,随着结构外形的进一步复杂化以及高度和跨度的不断增加,其大跨度桥梁结构的抖振响应问题将变得日益突出[1]。

1955年,Scruton C[107]首先提出了桥梁抖振的概念。1962年,Davenport A G[7]首先在准定常气动理论和随机振动理论的基础上发展了一个分析方法,用于计算房屋建筑结构的紊流风响应。1975年Holmes J D建议引入Sears函数表示的气动导纳来考虑紊流中水平和竖直两个风向脉动风的相互影响,以得到比较接近实际的非定常气动力。在将上述方法推广应用于分析桥梁抖振时,美国Scanlan R H教授功不可没,完成了奠基性工作。1977年Scanlan R H提出应当同时考虑平均风产生的自激力的作用,因为用气动导数表示的气动阻尼将对抖振响应产生重要影响[9]。此后Scanlan R H总结了用频域方法进行颤抖振联合分析所存在问题,同时强调指出水平相关系数的取值对抖振响应的重要性。国内同济大学等研究单位也取得了大量科研成果[1, 108, 109]。

尽管 Scanlan R H 的颤抖振理论对于结构的抗风设计是一个十分有用的手段，但上述抖振分析均在频域中进行，不适于更加柔性的大跨度非线性结构，并且在频域中研究紊流对桥梁颤振稳定性的影响也存在着较大的难度。为此，国外学者如 Boonyapinyo & Miyata[110]、Kovacs[111]、Chen & Matsumto[112]等以及国内学者如周述华[113]、刘春华[114]、曹映泓[115]、黄汉杰[116]等也对大跨结构颤抖振响应的时域分析方法进行了较为深入的研究，分析中大都考虑了几何非线性、气动自激力、气动导纳等多种复杂因素的影响。另外，华旭刚等对基于 ANSYS 的大跨度桥梁抖振时域分析方法进行了研究[117-121]，李立等还利用一种时频混合格式计算了桥梁结构在紊流风激励下的抖振时程响应[122]。时域分析法考虑因素比较全面，但计算量非常大，而且在随机风场的模拟以及自激力的时域化离散处理上仍存在一些问题，有待进一步的改进和完善。

随着钝体空气动力学在理论和算法上的不断进步以及计算机技术的不断发展，计算流体动力学(Computational Fluid Dynamics, CFD)从 1970 年代起由航空航天领域逐渐引入到了结构风工程领域[1]。最初从均匀流场中的圆柱体绕流开始。1980 年代起，为了研究紊流场中钝体的绕流，建立了各种紊流模型，如基于平均雷诺数的 Navier-Stokes 方程的紊流模型和基于空间过滤的紊流模型[123-128]。利用这些模型进行了二维和三维矩形断面的固定钝体和振动钝体的流场和压力场数值分析，取得了一些成功的应用[129-132]。随着大容量并行计算机的普及，CFD 被日益证明是一种十分有效和有着巨大发展前景的数值模拟技术，甚至有可能代替风洞试验而成为复杂结构抗风设计的主要手段。然而，由于目前钝体空气动力学在理论上还不完善，对于具有复杂外形的钝体结构，目前仍然需要依靠风洞试验来提供设计所需的风载和风振响应值。

国内外目前实际工程中所采用的大跨度桥梁抖振响应分析方法大都是在上述 Davenport A G、Scanlan R H 和 Lin Y K 三大抖振分析理论的基础上发展起来的，这些方法大都需要借助于风洞试验实测数据，因此风洞试验是桥梁风工程研究的重要手段[1-6, 133-138]。由于全桥气弹模型风洞试验技术要求高、周期长、费用大等缺点，作为一个补充，基于由节段模型风洞试验而得到的气动参数基础上的半经验半理论抖振分析方法越来越受到重视，被广泛应用于大桥的抖振响应预测和评估上。但风洞试验技术仍然存在一些问题，主要包括对风特性参数的合理取值，气动参数，特别是气动导纳函数的识别都存在着一定的不确定性和难度，识别方法也需要改进，以提高其精度。同时对于较流线形的断面，缩尺模型的雷诺数效应可能使气动参数不真实，其气动等效性需要进一步证实。所以目前桥梁抖振分析主要朝着越来越精细化的方向发展，以对现行分析理论进行改进和完善[139-141]。

与抖振分析方法精细化同样重要的是对这些分析方法本身可靠性的验证。对大跨度桥梁抖振响应进行分析与实测的案例研究，即对大跨度桥梁抖振响应的现场实测结果和基于现场同步实测风场参数的抖振分析结果进行比较，是验证现有抖振分析方法可靠性的一种有效手段。Zhu L D 等[39-41]以遭受台风 Sam 袭击的香港青马大桥为工程背景，对大跨度桥梁抖振响应进行了分析和实测案例研究。然而这方面的研究工作至今还不多,这主要是由于:①测试所需仪器设备费用昂贵,需要获得足够多的研究经费资助;②实测案例研究有其明显的地域特征,只有那些可能发生强台风区域的大跨度桥梁,而并非只要安装了 SHMS 就有条件进行此项研究;③斜风作用下大跨度桥梁结构抖振响应分析方法的研究较少,现有的少量研究方法大都是平均风分解法[142-146]。由于平均风分解法在如何合理分解紊流脉动风速、如何合理叠加两个分量的抖振响应分析结果等问题上有待进一步深入研究,为此 Zhu L D & Xu Y L 等[147-148]基于线性准定常和气动片条理论发展了一种斜风作用下大跨度桥梁结构抖振响应分析的有限元频域方法,然而这套方法需要进行专门的斜风下桥梁构件气动导数和气动系数测试的风洞试验[149-151],限制了其在工程领域的广泛普及与应用。

因此,对于大跨度桥梁结构而言,其抖振响应虽然已经建立了一套可用于解决工程抗风设计的方法,但在精细化研究领域还有很多的工作要做。气动导纳识别以及桥梁断面雷诺数响应等问题的存在,使得抖振响应分析结果与现场实测数据还不能取得一致,需要通过更多的现场实测案例研究加以对比和验证,以对现行的抖振分析理论进行精细化的改进。可以说,要更好地解决桥梁抖振的分析和控制问题,还有许多工作要做[1]。

1.5 本书的主要工作

研究现状表明,在如何利用 SHMS 数据进行结构模型修正和状态评估方面,仍需要进一步的深入研究,利用 SHMS 数据进行抖振响应实测案例研究方面的研究工作也仅仅是刚起步。为此,本书以润扬悬索桥为工程背景,紧紧围绕大跨度悬索桥 SHMS 和风致抖振响应两大研究热点,开展大跨度悬索桥建模策略、风致抖振分析实用方法及实测案例研究,主要包括以下几个方面的内容:

(1) 深入研究了大跨度悬索桥的动力特性及其影响因素。其中重点研究了国内首次采用的刚性中央扣的多精度模拟技术及其对大跨度悬索桥动力特性的影响,为今后刚性中央扣结构在大跨度悬索桥中的广泛应用提供参考,同时还研究了土-桩-结构相互作用因素对大跨度悬索桥动力特性的影响,研究结果为下一步风致抖振研究工作打下了扎实的基础。

(2) 基于灵敏度的物理意义以及罚函数的思想,提出了一种结构有限元模型修正的新方法。该法以自振特性为目标函数,以结构设计参数为待修正参数,但其中设计参数的上下限主要根据测试所得静力响应值和理论值的对比以及工程经验来确定,因此修正后的模型的静力响应也必定与实测结果更加吻合。采用 SHMS 实测数据及提出的该法对大桥有限元模型进行了修正与验证,得到了能够较好反映大桥整体动静力性能的有限元基准模型。

(3) 研究了润扬悬索桥桥址区典型实测台风的强风特性。以台风"麦莎"经过时 SHMS 中风速仪实时采集的数据为例,对该强风样本进行了深入分析,得到了平均风速、平均风向、风速沿高度变化规律、紊流强度、阵风因子、紊流积分尺度、紊流功率谱密度函数等强风特性,并将其与规范进行了对比。分析结果为大桥风致抖振分析提供了依据,同时为确定适合我国东部沿海地区的强风特性及风谱模型提供了参考。

（4）进行了台风作用下润扬悬索桥抖振响应的现场实测案例研究。采用时频分析和统计分析等方法，对台风"麦莎"经过时 SHMS 中加速度传感器实时采集的数据进行了处理与分析，主要内容包括主梁和缆索的振动响应与风速的关系、振动响应的 RMS 分析、频谱分析、上下游缆索振动响应的对比分析等。分析结果为润扬悬索桥抖振性能的评价提供了实测依据。

（5）对 Scanlan R H 教授基于平均风分解法的斜风作用下大跨度桥梁抖振响应分析方法进行了改进，建立了适于 SHMS 采集数据的风分解法。在此基础上以大型计算软件 MATLAB 和 ANSYS 为分析平台，发展了一套斜风作用下大跨度桥梁抖振响应的时域分析实用方法，编制了全部相关程序，从而实现了直接由 SHMS 实测风环境数据得到结构的抖振响应。研究成果应用于实测斜风作用下润扬悬索桥的抖振响应有限元分析。

（6）在上述工作的基础上，将有限元数值模拟与 SHMS 现场实测案例研究结果进行对比，验证了本书基于分解法的大跨度悬索桥抖振响应时域分析方法的可靠性，探讨了大跨度悬索桥抖振响应分析的关键影响因素，深入研究了强风作用下大跨度悬索桥的抖振响应特征，分析了大跨度悬索桥抖振响应的机理。研究结果为其他同类型大跨缆索承重桥梁的抗风研究提供了参考。

第 2 章 设中央扣的大跨度悬索桥体系动力特性及其影响因素研究

2.1 引言

由于桥梁设计和施工水平的不断提高,现代桥梁的跨度记录不断被刷新。然而随着大跨度桥梁设计的轻柔化以及结构形式与功能的日趋复杂化,大桥的安全运营,尤其是风、地震等灾害性荷载作用下的安全性对一个国家的交通、经济发展乃至人民群众的生命财产等方面都有着重要的影响。因此,对大型桥梁进行实时健康监测以及抗风抗震安全性评价越来越受到重视,已发展成为桥梁工程学科的主要研究领域之一[1-2]。大跨桥梁结构的动力特性如固有频率、阻尼比、振型等,是评价结构整体性能的重要依据之一,进行结构损伤预警、状态评估以及抗风抗震等动力学研究的基础[152-165]。而悬索桥是目前世界上广泛采用的大跨径桥型,具有超强的跨越能力,是进行健康监测以及抗风抗震研究的主要对象。因此,为了给后续研究包括模型修正、抖振响应分析等研究工作奠定基础,就必须准确掌握大跨度悬索桥结构的固有动力特性。

对工程结构进行理论模态分析,大致可分为 3 类方法:古典解析法、实用近似公式和有限单元法。古典解析法基于对分布参数系统的偏微分方程求解析解,可很好地反映结构参数的变化对其自振特性的影响,但建立的微分方程有时很难求解,且一些细节问题不易处理。为了满足结构方案比选和初步设计阶段快速计算的需要,工程界发展了一套半经验的实用近似公式,以便定性地确定设计参数的变化对结构动力特性的影响。随着计算机技术的迅猛发展,应用数值方法,即有限单元法把结构离散为杆、梁、壳、实体等各种单元以进行自振特性分析,不仅可以考虑参数的各种细节变化,准确地计算出结构的自振频率和振型,而且在采用 ANSYS、SAP、ABAQUS 等大型通用有限元分析软件进行计算时,还可以对各阶振型动画显示。

大跨度悬索桥是一种柔性结构,为了满足进一步研究的需要,在对其进行模态分析时,需要计算上百阶的频率和振型,且必须在对其进行非线性静力分析的基础上(以考虑结构的重力刚度)进行,目前常用的方法是有限单元法。由于结构的模态分析问题最终可归结为广义特征值问题进行求解[6],目前对特征值问题已经发展了很多的求解方法,如雅可比法、QL

(QR)法、子空间迭代法等。在许多通用有限元分析软件中,这些计算方法都可以直接选取。其中子空间迭代法是把 Rayleigh-Ritz 法与迭代法相结合的一种方法,它能把特征方程的阶数大大降低,变成一个低阶的特征值问题。而且刚度矩阵及质量矩阵还可以采用一维稀疏变带宽方式储存,因此特别适用于求解大型土木工程结构等节点数较多的动力学问题。

已有研究表明,对于重要的桥梁结构,还应该实验结果与理论分析相互校核,以得到更为准确、可靠的结果[156]。目前,国内外已有许多学者对大跨度悬索桥结构的动力特性及许多复杂影响因素进行了研究。如文献[157]分析了公铁两用斜拉桥的动力特性,为车桥动力分析打下了基础;文献[158]对香港青马大桥的动力特性进行了深入研究,为该桥的长期健康监测和抗风分析奠定了基础;文献[159]以广东虎门悬索桥为例,分析了大跨度悬索桥动力特性随风速变化的规律;文献[160]采用全桥结构的组合有限单元模型理论计算了宜昌长江公路大桥悬索桥的自振特性,并与现场动力实测结果进行了比较;文献[34]和[161]以横跨 Ohio River 的 Roebling 悬索桥为例,分别对该桥的动力特性进行数值分析和实验研究。

本章基于 ANSYS 平台[60],对润扬悬索桥这一设中央扣的超大跨度悬索桥的动力特性进行了较为深入的分析,同时考虑到该桥结构的特殊性,重点研究了:①国内首次采用的刚性中央扣结构的多精度模拟技术及其对大跨度悬索桥体系动力特性的影响[166],为今后中央扣在大跨悬索桥中的推广应用提供了参考;②土-桩-上部结构相互作用的模拟及其对大跨度悬索桥动力特性的影响[167]。研究结果为该桥的进一步研究工作,包括健康监测、模型修正和损伤识别、风致响应分析及抗震分析等提供了必要的信息和研究基础。

2.2 润扬悬索桥多精度有限元模拟研究

2.2.1 工程概况

润扬长江公路大桥为国家重点工程项目,该桥连接镇江、扬州两市,是江苏省"四纵四横四联"公路主骨架和五处跨江公路通道规划中的项目,北联同江至三亚国道主干线,南接上海至成都国道主干线,是江苏省高速公路网建设的重要组成部分。润扬长江公路大桥是由南汊悬索桥和北汊斜拉桥组合而成的特大型缆索支承桥梁,其整体布置如图 2.1 所示。

其中南汊悬索桥为主跨 1 490 m 的单跨双铰简支钢箱梁桥,其跨度排名为中国第一、世界第三,是我国桥梁建造史上一座里程碑式的桥梁,具有极为重要的意义和价值。该桥中跨矢跨比为 1∶9.96。两边跨长为 470 m。主梁采用全焊接扁平流线型钢箱梁,总长度为 1 485.16 m,分为梁端段、跨中段、跨中相邻段和标准段。其中每个标准梁段长 16.1 m,共计 84 个,总长 1 352.40 m。中心线处梁高 3.0 m,总宽 38.7 m(含风嘴、检修道宽度)。钢箱

图 2.1　润扬长江公路大桥整体风貌

梁主体结构采用 Q345D 钢,钢桥面板厚度为 14 mm,U 形肋厚度为 6 mm,横隔板间距 3.22 m。主塔为钢筋混凝土多层门式框架,塔柱为变壁厚矩形单箱单室结构,设三道横梁,塔高约 210 m。主缆采用预制平行索股,每根主缆为 184 股,每股 127 根镀锌高强钢丝,主缆中心距 34.4 m。南北锚碇均采用重力式混凝土锚体。主跨设有 91 对吊杆支承(包含跨中中央扣 1 对),吊杆间距 16.1m,吊杆与主缆和加劲梁均采用销接连接。该桥整体布置立面图见图 2.2,图中单位以"m"计[168]。

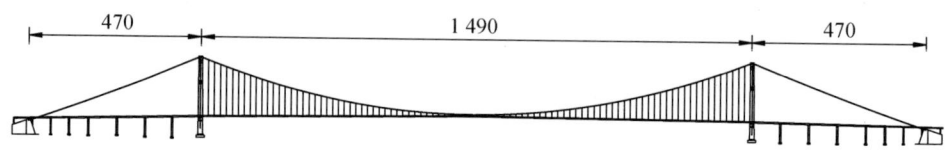

图 2.2　润扬悬索桥立面布置图

为了改善悬索桥体系尤其是跨中短吊杆和伸缩缝的受力性能,提高大桥整体结构的刚度,润扬悬索桥在国内首次采用了缆、梁固结的刚性中央扣代替跨中短吊杆。该中央扣为刚性三角桁架,由连接主缆的中央扣索夹、连接加劲梁的斜杆、竖杆以及跨中加劲梁段组成。其中斜、竖杆是由 40 mm 厚 Q345D 钢板焊接成的 H 形杆件。杆件上端与中央扣索夹下耳板通过高强螺栓连接,每个连接点共有 396 个 10.9 级 M30 高强螺栓,杆件下端与长为 18.4 m 的跨中梁段外侧的中央扣小箱梁相焊接。其基本构造图如图 2.3 所示,图中单位以"mm"计。

该桥南北塔均采用群桩基础,单桩直径为 $\phi 2.8$ m,嵌入岩层,每个塔柱下顺桥向布设 4 排桩,每排 4 根,共 16 根,按嵌岩桩设计,要求嵌入微风化岩大于 3 m。因此在进行大桥动力特性分析时,有必要对土-桩-结构相互作用因素的影响进行研究。

第2章 设中央扣的大跨度悬索桥体系动力特性及其影响因素研究

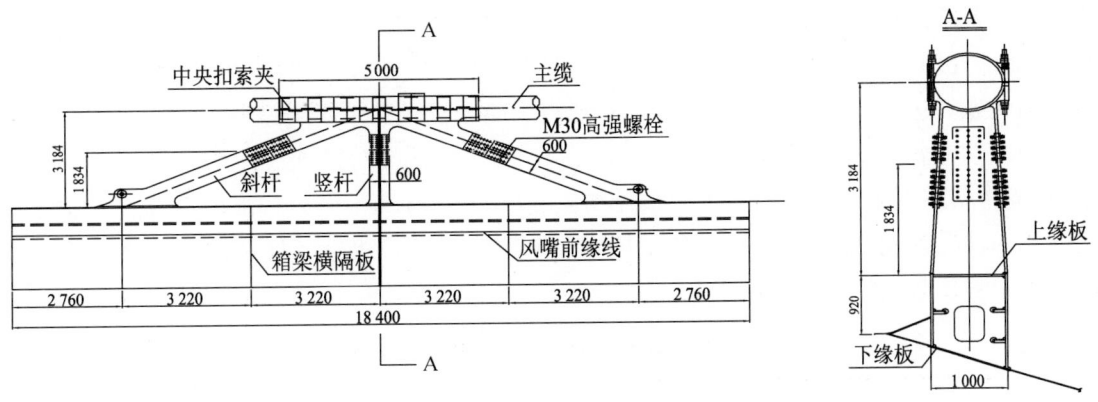

图 2.3 润扬悬索桥中央扣基本构造图

2.2.2 多精度空间有限元计算模型

为了真实地模拟桥梁结构的力学特性,所建立的有限元计算模型必须能够如实地反映结构构件的几何、材料特性,构件之间的连接条件以及边界条件等[57]。和已有分析方法类似,在润扬悬索桥动力特性分析时,基于 ANSYS 平台将结构离散为以下5个部分分别进行模拟:

1) 桥面系

润扬悬索桥的加劲梁采用的是闭口全焊接扁平流线型钢箱梁,采用"脊骨梁式"即可足够精确地模拟主梁的刚度和质量,因此将桥面系处理成梁单元(BEAM4 单元),加劲梁按吊杆的吊点进行离散。主梁和吊杆节间之间采用刚臂连接。BEAM4 单元的刚度即为加劲梁的刚度,其密度则采用的是换算密度,即为单位长度桥面系一期与二期恒载质量之和除以加劲梁的截面积。润扬悬索桥主梁材料及截面特性参数见表2.1。

表 2.1 润扬悬索桥主梁材料及截面特性参数

项目		单位	数量	备注
弹性模量		MPa	2.1×10^5	
截面积		m^2	1.293 5	标准断面
一期恒载换算密度		kg/m^3	$11.311\ 2\times10^3$	
二期恒载线密度		kg/m	$5.103\ 0\times10^3$	换算密度:$3.945\ 1\times10^3\ kg/m^3$
主梁换算密度		kg/m^3	15.256 3	一期+二期
抗弯惯矩	I_z	m^4	2.079 7	标准断面
	I_y	m^4	139.30	
抗扭惯矩	I_x	m^4	5.900 2	

2) 主缆系统

主缆对悬索桥的结构安全至关重要,而且不可更换,因此被称作是悬索桥的"生命缆"。在恒载作用下,主缆已具有较大的重力刚度,这是悬索结构几何非线性的主要来源,因此在

19

建立缆索系统的计算模型时,应计入缆索和吊杆在恒载作用下的几何刚度。就润扬悬索桥而言,具体处理方法是:在非线性静力分析的基础上建立结构系统的几何刚度矩阵,并在恒载作用状态下建立动力平衡方程进行各种动力响应分析。其中主缆系统采用空间线性杆单元(LINK10 单元)进行模拟,按吊杆的吊点进行离散,单元受力模式设定为只可受拉不能受压,在成桥状态下主缆的初始应力以单元初应变(Initial Strain)的方式加以考虑。为了计入几何非线性的影响,主缆的弹性模量采用 Ernst 等效弹模公式进行计算。润扬悬索桥主缆的详细材料及截面特性参数见表 2.2。

表 2.2 润扬悬索桥主缆的材料及截面特性参数

项目		单位	数量	备注
缆跨长	中跨长	m	1 490	
	边跨长	m	470	
矢度	中跨	m	149.605	$f/L=1/9.96$
	边跨	m	4.417 5	
两主缆间距		m	34.3	PPWS
钢丝直径/钢丝强度		mm/MPa	5.30/1 670	
缠丝直径/缠丝强度		mm/MPa	4.0/>700	
单股	丝数	根	127	
	直径	m	0.068 9	
	断面积	m²	2.802×10^{-3}	
	长度	m	2 580.8	
	质量	kg	56.8×10^3	密度:7.86×10^3
单缆	股数		184	
	断面积	m²	0.515 5	
	容许应力	MPa	668	1 670/2.5
	弹性模量	MPa	2.0×10^5	
	直径(索夹外/索夹内)	m	0.906/0.895	
	空隙率(索夹外/索夹内)		20%/18%	
索塔顶主缆最大倾斜角	中跨	°	21.625	
	边跨	°	22.579	
主缆入射角(南/北)		°	18.842	
主缆折角(南/北)		°	39.000	
主缆索力水平分量		kN	548 103.4/2	
主缆锚跨内力		kN	578 931.2/2	
中跨跨中主缆高程		m	69.3	

3) 吊杆系统

悬索桥中的吊杆系统将桥面系所受荷载传递给主缆系统,上端通过索夹与主缆连接,下端与加劲梁相连。与主缆系统相同,润扬悬索桥的吊杆系统也LINK10单元进行模拟,单元受力模式设定为只可受拉不能受压,在成桥状态下主缆的初始应力以单元初应变的方式加以考虑。对于跨中段刚性中央扣,其斜杆、竖杆均采用BEAM4单元进行模拟。润扬悬索桥吊杆和中央扣的材料及截面特性参数见表2.3。

表2.3 润扬悬索桥吊杆和中央扣的材料及截面特性参数

项目			单位	数量	备注
吊杆系统	中央扣	断面积(竖杆/斜杆)	m^2	0.063/0.070	Q345D钢板
		弹性模量	MPa	2.1×10^5	
		密度	t/m^3	11.7322	
	吊杆	断面积	m^2	4.28×10^{-3}	采用双吊杆
		弹性模量	MPa	2.0×10^5	
		密度	t/m^3	7.21	

4) 主塔

悬索桥的主塔结构一般都由两根塔柱和若干根横梁构成,在恒载作用下以轴向受压为主,在活载作用下以压弯为主,呈梁柱构件特征,因此一般都采用梁单元来模拟。作为悬索桥最为关键的受力构件之一,也是结构抗震验算中最为关键的部位,对于主塔结构的离散不宜过于粗糙。这主要是由于单元划分的粗细决定了集中质量的分布、振型和动力荷载在结构上的分布,从而会影响主塔结构的动力特性及其内力分布。在润扬悬索桥有限元模型中,采用BEAM4单元模拟主塔结构,将每个桥塔划分为56个单元,每个塔柱划分为19个单元,其中混凝土弹性模量 E 取为 3.5×10^4 MPa,材料密度取为 2600 kg/m³,主塔结构各截面实常数详见表2.4。

表2.4 润扬悬索桥主塔结构各截面实常数

参数构件	截面面积 $A(m^2)$	抗弯惯矩 $I_z(m^4)$	抗弯惯矩 $I_y(m^4)$	抗扭惯矩 $I_x(m^4)$
塔顶	40.1163	159.3106	390.4448	318.5656
上横梁	24.0640	243.8944	214.8489	338.9762
上塔柱1	27.3902	134.5360	307.1983	277.8357
上塔柱2	27.6823	135.9233	313.3241	279.7859
上塔柱3	27.9036	137.4226	325.3847	284.2095
上塔柱4	28.2535	140.0981	339.3952	292.3480
上塔柱5	28.5335	143.4983	351.3764	298.8311
上塔柱6	28.7835	145.9248	371.5682	305.3238
中横梁	25.3920	306.2156	232.1306	392.8676
下塔柱1	32.9789	152.2417	429.3094	337.9843

续 表

参数构件	截面面积 $A(m^2)$	抗弯惯矩 $I_z(m^4)$	抗弯惯矩 $I_y(m^4)$	抗扭惯矩 $I_x(m^4)$
下塔柱 2	33.616 0	156.995 6	440.082 7	340.598 6
下塔柱 3	34.234 6	161.087 5	487.498 7	360.495 7
下塔柱 4	34.902 9	165.291 7	518.910 5	377.445 2
下塔柱 5	35.512 9	168.302 0	542.389 5	390.398 5
下塔柱 6	36.280 9	172.206 6	570.048 5	399.201 9
下横梁	34.288	589.640 8	469.762 8	772.323 3
塔底 1	40.253 3	183.875 6	634.498 7	416.488 2
塔底 2	40.449 7	188.094 5	655.433 9	428.590 8
塔底 3	40.643 9	192.086 5	678.538 7	439.308 5
塔底 4	40.817 6	197.098 6	690.587 6	449.329 7
塔底 5	40.997 9	203.991 5	712.328 2	462.042 6
塔底 6	65.172 9	224.425 4	932.129 0	487.249 0

5) 边界连接条件

边界连接条件的变化,对结构系统的动力特性和动力响应均有着重大的影响。因此,必须准确地模拟各构件之间的连接以及结构系统的边界条件。

根据润扬悬索桥结构设计图纸,耦合了主梁与主塔在横桥向、竖向以及绕顺桥向的转动自由度;主缆通过主索鞍固定在主塔顶上,成桥后不允许发生相对位移,故主缆与塔顶自由度全部耦合;边缆底部通过强大的锚碇分散固定,作为底部完全固结处理;由于两主塔采用了群桩基础,针对土-桩-结构相互作用对该桥动力特性的影响进行了专门的研究[167]。

基于大型有限元软件 ANSYS 平台建立的润扬悬索桥空间有限元计算模型,如图 2.4 所示。其中各种单元如 BEAM4、LINK10 的特性详见 ANSYS 软件的 Help 文件。

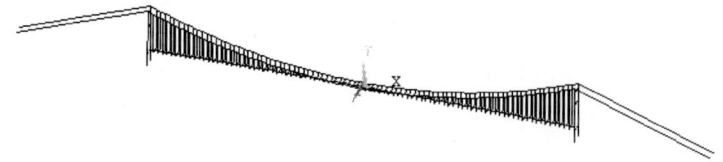

图 2.4 润扬悬索桥空间有限元计算模型

从研究桥梁的动力特性的角度来看,该脊骨梁模型已经具有足够的精度,完全可以满足相应研究的要求。但必须指出,该模型采用了简化方法对桥面系进行模拟,因此无法对加劲结构的局部内力与应力做出精确的计算。为此,作者还基于子模型法建立了该桥的壳单元精细模型,用于对加劲梁的局部应力分析等,详细建模过程可参见文献[62]。但是对于本书所进行的大跨度桥梁结构的风致抖振分析而言,并不关心主梁的局部响应特征,只需反映出结构响应的整体分布情况便可,因此没有必要采用精细模型,以减小模型在抖振响应时域分析中发生意外的概率,节省机时。

2.3 设中央扣的大跨度悬索桥体系动力特性研究

2.3.1 基于 ANSYS 的悬索桥模态分析方法

作为一种大跨柔性结构,在恒载作用下悬索桥具有较大的刚度,因此在动力特性分析中,该重力刚度因素的影响不可忽略,这就使得大跨悬索桥结构的模态分析过程比普通结构更为复杂,必须借助于合适的有限元分析软件。

在上述空间有限元计算模型的基础上,本书基于 ANSYS 的非线性静力分析和模态分析功能,对润扬悬索桥进行了自振特性分析,具体分析过程包括如下 6 步(括号中为 ANSYS 中的模块或命令):① 进入 ANSYS 的结构分析模块,选择静力分析求解器;② 进行成桥状态下的结构非线性静力分析,打开大变形控制窗口([NLGEOM, ON]),开始求解([LSSOLVE, LSMIN, LSMAX, LSINC]),以得到结构各单元的初始应力;③ 在"②"的基础上进行应力刚化([SSTIF, ON]),建立新的几何刚度矩阵,以此为基础建立动力平衡方程并进行求解;④ 退出静力分析求解器并重新进入结构分析模块,选择模态分析求解器,选择恰当的求解方法(Block Lanczos method, Subspace method, Reduced(Householder) method, Power Dynamics method, etc),填写模态提取数目,打开预应力效果([PSTRES, ON])并进行求解;⑤ 扩展模态([EXPASS, ON]),此步骤的目的是将振型写入结果文件,以便可以在 POST1 中观察计算结果;⑥ 进入后处理器查看模态分析结果([/POST1]),包括结构自振频率,振型以及相对应力(内力)分布等。另外在 ANSYS 软件的 Help 文件中,对含有预应力的大变形结构进行模态分析有专门的算例[60],详见结构分析模块中的"3.12. Prestressed Modal Analysis of a Large-Deflection Solution",因此可以非常便捷地实现上述步骤。

2.3.2 设中央扣的大跨度悬索桥动力特性分析

本书采用子空间迭代法[6](Subspace Method)求出了润扬悬索桥的前 200 阶自振频率和模态振型,限于篇幅,表 2.5 列出了该桥前 20 阶频率和振型特性,图 2.5 仅列出了前 9 阶振型图。为了研究中央扣结构模拟精度的影响,分别将其处理成精细模拟的 3 个梁单元和单个刚臂(主梁和主缆在跨中节点自由度完全耦合),括号内为采用刚臂模拟中央扣时的计算结果[166]。

表 2.5 润扬悬索桥前 20 阶自振特性

阶次	频率(Hz)	振型特点	阶次	频率(Hz)	振型特点
1	0.049 41 (0.049 43)	一阶对称侧弯	11	0.223 73 (0.224 00)	一阶对称扭转
2	0.087 95 (0.087 98)	一阶反对称竖弯	12	0.238 35 (0.238 60)	二阶对称侧弯
3	0.121 74 (0.121 79)	一阶反对称侧弯	13	0.247 64 (0.248 37)	对称竖弯+纵飘

续 表

阶次	频率(Hz)	振型特点	阶次	频率(Hz)	振型特点
4	0.123 76 (0.123 82)	一阶对称竖弯	14	0.257 96 (0.258 40)	边缆振动
5	0.168 55 (0.168 64)	二阶正对称竖弯	15	0.258 12 (0.259 01)	边缆振动
6	0.185 59 (0.185 64)	二阶反对称竖弯	16	0.260 37 (0.260 82)	边缆振动
7	0.207 31 (0.207 42)	主缆振动	17	0.264 73 (0.265 70)	边缆振动
8	0.215 37 (0.215 42)	主缆振动	18	0.264 76 (0.265 63)	边缆振动
9	0.218 92 (0.219 17)	主缆振动+主梁扭转	19	0.269 38 (0.269 73)	一阶反对称扭转
10	0.219 96 (0.220 07)	主缆振动	20	0.274 14 (0.275 10)	边缆振动

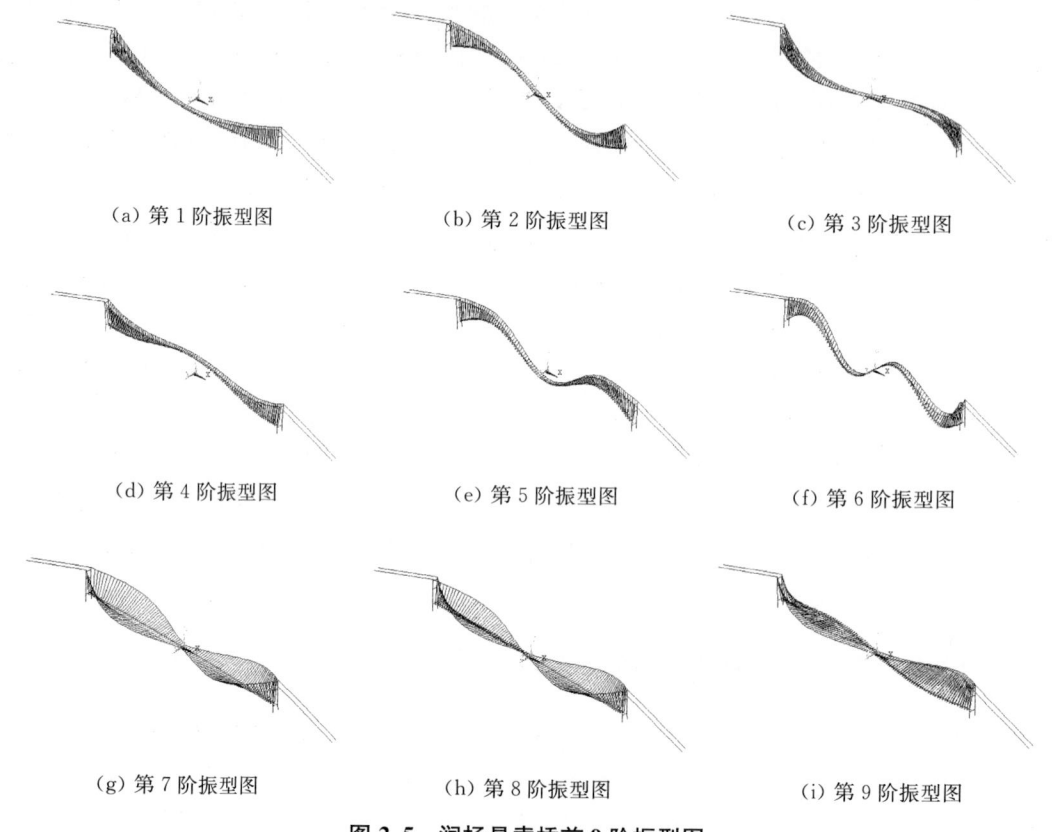

(a) 第1阶振型图　　(b) 第2阶振型图　　(c) 第3阶振型图

(d) 第4阶振型图　　(e) 第5阶振型图　　(f) 第6阶振型图

(g) 第7阶振型图　　(h) 第8阶振型图　　(i) 第9阶振型图

图 2.5　润扬悬索桥前 9 阶振型图

由以上分析结果可知：

(1) 该桥基频为 0.049 41，基本周期较长，其对应振型为主梁和主缆的一阶对称侧弯振型；第 2 阶振动频率为 0.087 95，其对应振型为主梁和主缆的一阶反对称竖弯振型，这些都符合大跨度悬索桥这种柔性结构体系动力特性的一般规律[54]。

(2) 由于加劲梁的两端采用的是活动铰支座，因此润扬悬索桥的纵飘振型也在第 13 阶伴随着对称竖弯振型出现，但比同类型的江阴长江大桥的纵飘振型(出现在第 6 阶)出现得晚，一阶纵飘振型对应的频率值也比江阴桥大。

(3) 以上前二十阶振型都是以主梁和缆索系统的振动为主，而以主塔振动为主的振型直到第33阶才出现，这也是大跨度悬索桥体系动力特性的一大特点，在采用反应谱方法进行动力响应分析时需要引起特别的注意。

(4) 由表2.5可知，对中央扣进行的精细梁单元模拟与刚臂模拟两种情况下，该桥自振特性的计算结果变化很小，误差基本都在0.5%以内。采用刚臂模拟时自振频率略有增大，说明该桥的中央扣结构的刚度相当大，可以起到在跨中把主缆和加劲梁刚性固结的作用。

2.3.3 中央扣对大跨度悬索桥动力特性的影响

作为一种大跨柔性结构，悬索桥在车辆、地震、风以及温度荷载等的作用下，其加劲梁和主缆都将产生纵向、横向和扭转变形。由于主梁和主缆之间采用柔性吊杆连接，这便产生了缆、梁位移之间的不同步现象，并最终导致吊杆的弯折甚至破坏。位于主跨跨中附近的吊杆由于长度最短，弯折现象必定更加明显，是导致工程中经常出现的短吊杆破坏现象的重要原因，因此，有必要采取构造措施，以避免此类现象的发生。

为此，在润扬悬索桥的结构设计中，采用了每边均由两根斜杆和一根竖杆组成的刚性中央扣替代此前常用的跨中短吊杆，在跨中将缆梁固结，其很显然的优点在于：①显著降低了由车辆、地震荷载等引起的主梁纵向位移，使得在大跨桥梁中占重要地位的伸缩缝的压力得到了缓解；②在一定程度上避免了由车振、风振等所引起的跨中短吊杆的弯折、疲劳现象；③增大了大跨悬索桥结构的刚度，提高了其一阶扭频等，因此也必定提高了结构的抗风稳定性。然而，由于刚性中央扣结构的使用在国内尚属首次，这方面的研究文献很少，因此，为了全面把握润扬悬索桥结构的工作状态，有必要对中央扣对结构性能的影响，尤其是对动力性能的影响进行专门的深入研究，以提供对中央扣结构进行分析的方法和手段，供同类型桥梁的设计参考。

本书为了分析中央扣结构对润扬悬索桥动力特性的影响，在上述有限元模型中去掉了中央扣结构，同时改用跨中短吊杆，采用LINK10单元进行模拟，根据主梁线形对该吊杆的索力进行了调整，并以初应变方式计入了该吊杆的初始应力，其他模拟方式不变。同样采用子空间迭代方法计算出了采用跨中吊杆模型时，该桥的前200阶自振频率和振型。

1) 两种模型计算结果比较

为了便于进行两种模型之间的比较，表2.6列出了不设中央扣，改用跨中短吊杆后所得该桥前20阶频率和振型特性，图2.6列出了前9阶振型图。

表2.6 不设中央扣的润扬悬索桥前20阶自振特性

阶次	频率(Hz)	振型特点	阶次	频率(Hz)	振型特点
1	0.049 15	一阶对称侧弯	11	0.219 82	主缆振动
2	0.083 87	一阶反对称竖弯+纵飘	12	0.221 42	一阶对称扭转
3	0.117 58	一阶反对称侧弯	13	0.236 90	二阶对称侧弯
4	0.123 91	一阶对称竖弯	14	0.243 91	三阶对称竖弯

续 表

阶次	频率(Hz)	振型特点	阶次	频率(Hz)	振型特点
5	0.129 18	纵飘	15	0.251 17	一阶反对称扭转
6	0.168 53	二阶对称竖弯	16	0.258 05	边缆振动
7	0.185 25	二阶反对称竖弯	17	0.258 91	边缆振动
8	0.195 18	主缆振动	18	0.260 30	边缆振动+主梁侧弯
9	0.206 94	主缆振动	19	0.260 36	边缆振动
10	0.218 37	主缆振动	20	0.264 30	边缆振动

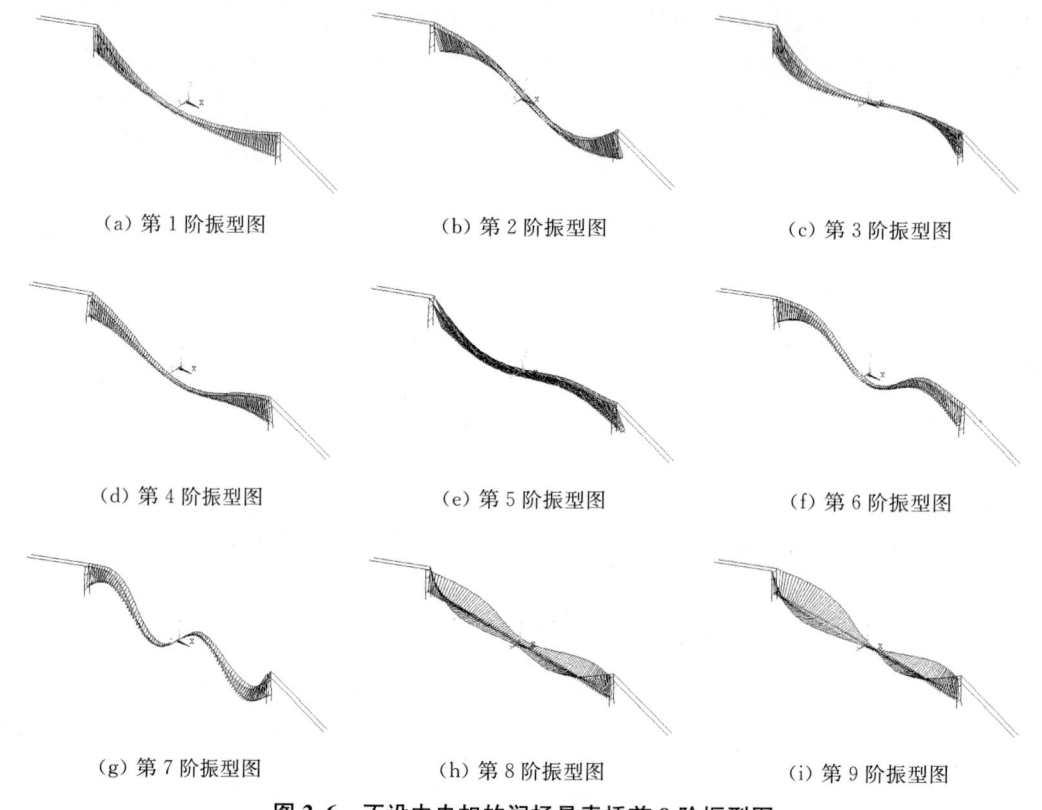

(a) 第1阶振型图　　(b) 第2阶振型图　　(c) 第3阶振型图

(d) 第4阶振型图　　(e) 第5阶振型图　　(f) 第6阶振型图

(g) 第7阶振型图　　(h) 第8阶振型图　　(i) 第9阶振型图

图 2.6　不设中央扣的润扬悬索桥前 9 阶振型图

2) 结果分析

表 2.7　采用两种有限元模型时该桥各主要频率值的比较

振型		一阶侧弯	一阶反对称竖弯	一阶对称扭转	一阶缆索振动
频率(Hz)	f_b	0.049 41	0.087 95	0.223 73	0.207 31
	f_s	0.049 15	0.083 87	0.221 42	0.195 18
Error(%)		0.53	4.64	1.03	5.85

从表 2.7 可以看出，改用跨中吊杆之后，虽然各相应频率都明显有所下降，但下降程度各不相同，其中以缆索振动为主的振动频率下降尤其明显，下降 5.85%。

(1) 很显然,改用跨中吊杆代替中央扣结构之后,悬索桥体系的刚度下降,因此各相应频率都明显有所下降,各阶模态振型也出现一些差别。为了便于比较,表 2.7 列出了分别采用中央扣和跨中吊杆两种有限元模型时,润扬悬索桥的各主要自振频率值。其中 f_b 表示采用刚性中央扣模型时的计算频率值,f_s 表示采用跨中短吊杆模型时的计算频率值,误差 $Error = [(f_b - f_s)/f_b] \times 100\%$。

(2) 由图 2.6 可知,采用跨中吊杆模型时,该桥的纵飘振型在第二阶即伴随着一阶反对称竖弯振型出现,而采用中央扣时该桥的纵飘振型直到第 13 阶才出现。这主要是由于跨中刚性中央扣对该桥纵向位移的约束,使其纵飘特性在一定程度上被抑制。这点必定会使得地震动激励下加劲梁端部纵向位移大大下降,从这个意义上来说中央扣的设置是有利于提高该桥的抗震性能的。

(3) 对比采用两种不同计算模型时的分析结果可以发现,无论对竖弯、侧弯还是扭转振型而言,中央扣的设置对反对称振型的影响比对正对称的大,详见表 2.8。

表 2.8 采用两种有限元模型时该桥正反对称振型的比较

振型	一阶侧弯		一阶竖弯		一阶扭转	
	正对称	反对称	正对称	反对称	正对称	反对称
中央扣模型	0.049 41	0.121 74	0.123 76	0.087 95	0.223 73	0.269 38
跨中吊杆模型	0.049 15	0.117 58	0.123 91	0.083 87	0.221 42	0.251 17
下降值(%)	0.53	3.42	−0.12	4.86	1.03	6.76

上表仅列出了一阶振型的情况,其他各高阶振型也符合这一规律。这主要是由中央扣设置的索夹、竖杆和斜杆所致,使得该桥跨中成为一个大范围的刚性节点,结构的正对称振型在该刚性节点处平稳过渡,而反对称振型必须在该刚性节点上产生拐点,因此正反对称转型受影响程度不同[166]。

2.3.4 土-桩-结构相互作用对大跨度悬索桥动力特性的影响

已有成果表明[169-172],土-桩-结构相互作用使体系的动力特性和地震反应与刚性基础上的结构不同,主要表现为:自振周期延长、阻尼增加、内力及位移反应改变等。对于建立在桩基上的结构,在对其进行抗震设计时,有必要将土-桩-上部结构所组成的体系作为一个整体来研究,并且考虑其相互作用的影响。目前考虑土-桩-结构动力相互作用影响的理论分析方法主要包括有限元法、边界元法以及集中质量模型等[173-174]。其中集中质量模型建模简便,计算工作量小,因而在土木工程抗震分析与设计中得到了较广泛的应用。

根据桥址区的地质条件,润扬悬索桥在南北塔均采用了群桩基础。虽然设计资料表明该桥桩基础非常强大(每塔 16 根 $\phi 2.8$ m 嵌岩桩,嵌入岩层大于 3 m),但考虑到土-桩-结构相互作用因素的复杂性以及润扬长江大桥的极度重要性,本书专门研究了土-桩-结构相互作用对该桥动力特性的影响,为抗风抗震等进一步的研究工作打下基础。

1) J Penzien 质量-弹簧模型及参数确定

J Penzien 质量-弹簧模型最早由美国学者 Penzien J 于 1964 年提出[169],当时主要是为了解决修建在泥泽地上的桥梁结构的动力分析问题。此后,国内外众多学者对该模型进行了更为深入的研究,包括对模型的改进以及分析中的影响因素如土介质特性、群桩数目、群桩间距、桩长等[175-177]。该模型是目前在土-桩-结构相互作用理论分析中广泛采用的理论模型之一,其基本方法是将桩-地基体系按一定的土层厚度离散成一个理想化的参数系统,用弹簧和阻尼器模拟土介质的动力性质,形成一个地下部分的多质点体系,然后和上部结构质点体系联合建立整体耦联的动力微分方程组进行求解。其空间计算模式简图如图 2.7 所示。

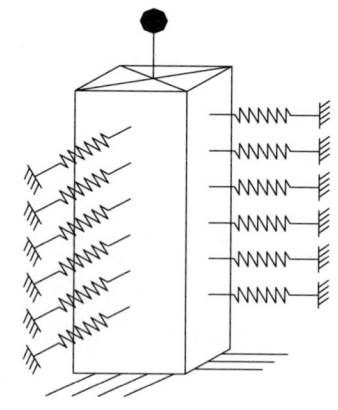

图 2.7 桩基空间计算模式简图

由于该桥桩数较多,因此分析也比较复杂。本书为简化分析,根据已有的研究成果[176-177],将南北塔底的 16 根桩合并为一根处理,同时假定:①在同一水平层土壤为各向同性线弹性体,但不同层土壤性质是不相同的;②侧向土的性质在两个正交方向彼此无关;③土壤的抗力在轴向、侧向和扭转方向不耦合,且属于小位移问题;④根据该桥桩基础的实际情况,未考虑由于桩间土的共同振动而导致的相互影响[54]。

模型中等代土弹簧刚度的确定是分析中关键的问题之一,对计算结果有着直接的影响。采用我国公路桥梁设计部门常用的 m 法(m 为地基土比例系数),同时结合桩长、桩径的合理取值来计算土弹簧的刚度,m 值根据文献[178]取为 $1.2 \times 10^4 \text{ kN/m}^4$,其定义为:

$$\sigma_{Zx} = mZx_Z \tag{2-1}$$

式(2-1)中,σ_{Zx} 为土体对桩的横向抗力;Z 为土层的深度;x_Z 为 Z 处的横向位移。据此可求得等代土弹簧的刚度 K_s:

$$K_s = \frac{P_s}{x_s} = \frac{A\sigma_{Zx}}{x_Z} = \frac{(ab_p)(mZx_Z)}{x_Z} = ab_p mZ \tag{2-2}$$

式(2-2)中,a 为土层的厚度;b_p 为该土层在垂直于计算模式所在平面的方向上的宽度,常取为桩的计算宽度。各截面土弹簧刚度的具体计算过程可参见文献[179]。

2) 土-桩-结构相互作用的模拟

在图 2.4 所示空间有限元计算模型的基础上,采用 J Penzien 集中质量模型模拟土-桩-结构的相互作用。其中桩基础采用 BEAM4 单元模拟,土介质采用弹簧阻尼器单元(COMBIN14 单元)模拟,其中的各项实常数根据上述方法确定。COMBIN14 为两节点单元,单元性质如下所述。其一节点与桩基相连,另一节点固结。同时考虑到桩基底部嵌入岩层大于 3 m,故将其底部固结。

桩基础顶部承台和塔座的质量采用质量单元(MASS21 单元)分别进行模拟,质量的计算严格按照成桥状态的设计图纸进行。考虑到该处大体积混凝土的相关特性,将整个塔座和承台区域都设定为刚性区域(Rigidity Area)。土-桩-润扬悬索桥结构相互作用体系的空间有限元计算模型如图 2.8 所示。

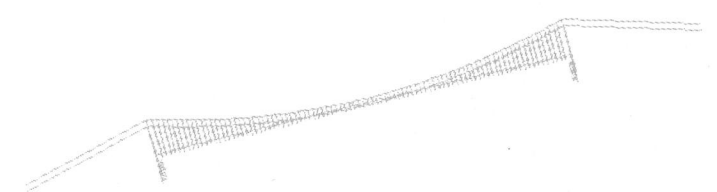

图 2.8 润扬悬索桥空间有限元计算模型(考虑土-桩-结构相互作用)

土介质的准确模拟是考虑土-桩-结构相互作用的有限元分析的关键所在,本书采用 ANSYS 中的 COMBIN14 单元进行模拟。该单元是一种可在轴向拉压的非线性弹簧-阻尼器单元,具有两个节点,每节点有三个自由度(UX、UY、UZ),不考虑弯曲和扭转,单元示意图见图 2.9。该单元的实常数包括弹簧刚度(K)和阻尼系数(C_{V_1}、C_{V_2}),$C_V = C_{V_1} + C_{V_2}$,其中 C_{V_2} 主要用于模拟一些流体环境下的非线性阻尼的影响特性。另该单元本身无质量,故质量系统的考虑只能通过施加恰当的质量单元,如 MASS21 等。

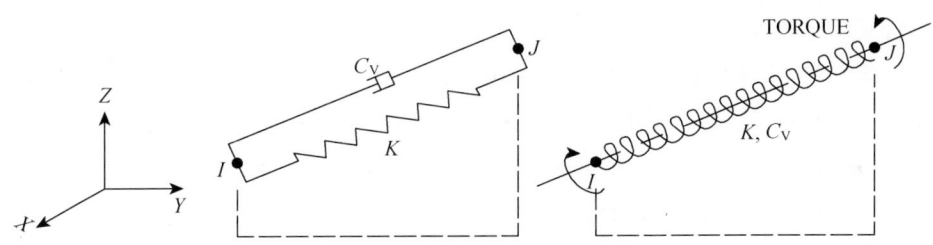

图 2.9 COMBIN14 单元示意图

3) 两种模型计算结果比较

称图 2.4 所示模型为模型 a,图 2.8 所示模型为模型 b。为了分析土-桩-结构相互作用对润扬悬索桥动力特性的影响,采用模型 b 同样计算出了该桥的前 200 阶自振频率和振型。为了方便比较,表 2.9 同时列出了不考虑(模型 a)和考虑(模型 b)土-桩-结构相互作用时,该桥的前 20 阶频率和振型特性(括号中为采用模型 b 时的所得频率),图 2.10 列出了采用模型 b 时大桥的一阶侧弯、竖弯和扭转振型图。

表 2.9 采用模型 a 和 b 时润扬悬索桥前 20 阶自振特性对比

阶次	频率(Hz)	振型特点	阶次	频率(Hz)	振型特点
1	0.049 41 (0.049 32)	一阶对称侧弯	11	0.223 73 (0.222 05)	一阶对称扭转
2	0.087 95 (0.087 38)	一阶反对称竖弯	12	0.238 35 (0.238 15)	二阶对称侧弯
3	0.121 74 (0.121 41)	一阶反对称侧弯	13	0.247 64 (0.246 61)	对称竖弯+纵飘
4	0.123 76 (0.123 44)	一阶对称竖弯	14	0.257 96 (0.257 96)	边缆振动

续 表

阶次	频率（Hz）	振型特点	阶次	频率（Hz）	振型特点
5	0.168 55（0.168 25）	二阶正对称竖弯	15	0.258 12（0.258 03）	边缆振动
6	0.185 59（0.185 26）	二阶反对称竖弯	16	0.260 37（0.260 29）	边缆振动
7	0.207 31（0.207 31）	主缆振动	17	0.264 73（0.264 59）	边缆振动
8	0.215 37（0.215 30）	主缆振动	18	0.264 76（0.263 96）	边缆振动
9	0.218 92（0.218 49）	主缆振动+主梁扭转	19	0.269 38（0.262 76）	一阶反对称扭转
10	0.219 96（0.219 74）	主缆振动	20	0.274 14（0.274 00）	边缆振动

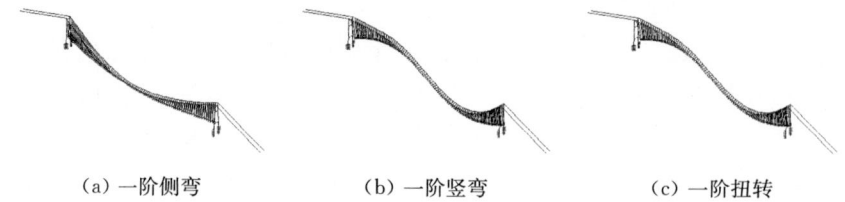

（a）一阶侧弯　　　　　（b）一阶竖弯　　　　　（c）一阶扭转

图 2.10　采用模型 b 时润扬悬索桥的部分振型图

4）结果分析

以上研究结果表明：

（1）考虑土-桩-结构相互作用之后，润扬悬索桥自振频率有所下降，但计算所得前二十阶频率最大误差都在 3% 以内，且其上部结构的振动特性都未发生变化，表明土-桩-结构相互作用因素对该桥动力特性的影响较小，该桥的桩基础非常强大。

（2）相对而言，土-桩-结构相互作用因素对以缆索振动为主的振型影响最小，有些振型和频率甚至未发生变化，以主梁为主的振型受影响则更大一些，这其中又以主梁扭转振型最为明显。

2.4　本章小结

随着悬索桥体系跨度的不断增加，其抗风、抗震性能以及车桥共振问题往往成为桥梁设计中的控制因素。在这一系列动力问题的分析过程中，桥梁结构体系的动力特性都是一项基础性的研究工作。同时，动力特性的研究也是结构健康监测和状态评估的基础，能够为指纹分析、损伤识别和模型修正等研究工作提供必要的信息。

为了给后续健康监测和抖振分析等打下基础，本章基于 ANSYS 平台建立了润扬悬索桥的空间有限元计算模型，在此基础上较为深入地分析了该桥的动力特性及其影响因素，主要工作包括：

（1）详细介绍了基于 ANSYS 平台的大跨度悬索桥建模及动静力分析方法，在此基础上深入分析了该桥的动力特性，并与其他同类型桥梁的分析结果进行了对比分析，进一步总结了大跨度悬索桥动力特性的一般规律。

（2）研究了在国内首次采用的刚性中央扣结构的多精度模拟技术，以及刚性中央扣对大跨悬索桥体系动力特性的影响。结果表明，在几个起控制作用的方面，中央扣比跨中短吊杆更利于大跨悬索桥的抗风抗震，同时中央扣的模拟精度对该桥动力特性的影响很小。目前国内许多跨江跨海工程仍在规划和兴建中，对大跨度悬索桥体系的进一步研究和应用成为必然，本章研究结果为今后刚性中央扣结构在大跨悬索桥中的广泛应用提供了参考。

（3）介绍了土-桩-上部结构相互作用的分析方法，包括计算模式的选择、J Penzien 质量-弹簧模型的基本原理及其参数的确定方法、在 ANSYS 中的实现方法等，在此基础上研究了土-桩-上部结构相互作用对润扬悬索桥动力特性的影响。研究结果表明，土-桩-结构相互作用对大桥动力特性的影响很小，分析中可不予考虑。因此在后续研究均采用塔底固结的计算模式，这样能够在保证计算结果可靠性的基础上，大大简化计算[180]。

作为润扬长江大桥悬索桥的初始理论模型，该模型将结合大桥实时监测得到的各种响应信息（如固有频率、振型、静力响应等）进行修正和完善，以期为大桥整体性能的评价提供可靠的有限元模型基础。

第 3 章 基于 SHMS 的大跨度悬索桥有限元模型修正与验证

3.1 引言

众所周知,有限元模型是进行桥梁结构一切数值分析计算工作的基础,无论是进行结构健康监测与状态评估,还是进行结构抗风抗震与振动控制研究,一个准确可靠的有限元计算模型都是其前提条件。只是各项研究由于目标各不相同,故而对于模型精度方面的要求也有所差别,这点在大型土木工程结构中反应得更为明显[23]。因此,建立面向风致抖振响应分析的润扬悬索桥结构基准有限元模型,以使得计算所得响应结果能够反应结构的实际情况,便于和实测结果进行比较,是本书后续研究的一项基础性工作,具有重要的地位和价值。

通常情况下,建立桥梁结构有限元模型时,都是以设计施工图纸为依据。但由于实际结构的复杂性,设计中隐含了多种理想化假定以及各种的简化方法,例如对混凝土、钢材等材料的特性所进行的理想化假定、各组成构件之间连接方式的理想化假定以及各种外部复杂荷载所进行的简化等。另外,在构件制造和结构施工过程中也会存在一些误差,如图纸所示构件尺寸与实际尺寸之间的偏差等。因此,一个即使是严格按照设计图纸建立的有限元模型,据其分析预测所得的桥梁结构响应与实际响应之间仍然不可避免地会存在一定的误差,必须经过实测动静力响应的修正和验证,才能得到更加接近实际情况的模型(结构有限元基准模型)[86]。

自 20 世纪 60 年代以来,有限元模型修正技术就已经在机械制造、航天和军事领域得到了广泛的应用,随后得到了不断地发展和完善。目前,有限元模型修正技术仍然是国内外力学界、各类工程界研究的关键问题之一。根据修正的对象,模型修正方法大致可分为矩阵型修正法和参数型修正法两类[181-183]。矩阵型修正法是对结构系统的质量矩阵、刚度矩阵和阻尼矩阵进行修正,但该方法在实际应用时遇到了无法解决的难题;参数型修正法则直接从模型修改入手,通过具体的算法来修正结构参数如结构尺寸、材料特性、连接刚度以及边界条件等,以减少结构模型计算值与实测值的偏差,实现模型的修正。参数型模型修正又可以分为两大类:基于模态参数的模型修正方法和基于频响函数的模型修正方法。其中基于模态参数的模型修正方法得到了长足的发展并日臻完善,在包括土木工程在内的各类工程领域得到了广泛的应用[184]。因此，本书主要针对基于模态参数的模型修正方法进行讨论和研究。

有限元模型修正技术应用于土木工程结构之后，在很多的方面都体现了其重要价值和优越性，主要包括：①通过对结构有限元模型的修正，能够更好地把握结构的静动力特性（尤其是动力特性）及其影响因素，为同类结构的合理设计、有限元模拟和养护维修等提供参考；②模型修正之后可以获得一个更加接近真实桥梁结构的分析模型，从而为更为准确地预知桥梁在各种荷载如车辆、地震、强风等作用下的响应奠定了基础；③在大型桥梁结构健康监测系统中，由于缺乏足够的传感器和测试数据，作为补充，一个准确可靠的有限元计算模型是必不可少的，以用于结构的健康评价与损伤诊断；④由于桥梁结构一经投入使用之后，就会发生材料的退化、老化，以及风、车辆、温度等复杂因素所导致的结构或构件不同程度的损伤，为了准确地把握结构的真实状态，有必要对有限元模型必须进行实时的修正和更新。

然而由于：①对于大型复杂桥梁结构而言，缺乏足够的测试信息和完备的测试技术，而且所测数据在采集、传输和存储过程中又容易受到噪声污染；②由于大型复杂结构存在着大量的不确定性，如材料特性、截面特性、各种非线性因素、连接条件以及边界条件等，对其进行准确模拟异常困难；③由于各种原因，现有的各种模型修正方法都存在其针对性和不同程度的片面性，大都采用或者是动力、或者是静力相关数据进行修正，这样所得模型不可避免地存在缺陷，即使最后动静力响应都能与实测更好地吻合，也存在一定的偶然性。以上三点使得大型桥梁结构模型修正领域的研究工作和成果还相对滞后。

本章基于参数灵敏度分析以及一阶优化（补充以零阶优化）算法，提出了一种能够较全面反映结构动静力信息的模型修正新思路。该法以基于灵敏度分析的结构设计参数为待修正参数，以结构自振特性为目标函数，以关键控制截面的静力响应为校核函数。其中设计参数的上下限主要根据测试所得静力响应值和理论值的对比，同时参考工程经验来进行确定，这便使得修正后的模型必定在动力和静力两个方面都更加接近实测数据。

基于 ANSYS 的 APDL 参数化设计语言编制了上述结构响应分析以及模型修正的全部相关程序。基于现场实测数据，采用本书方法对润扬悬索桥有限元模型进行了修正与验证，得到了能够较好反映大桥整体动静力性能的有限元基准模型，为后续研究打下了良好的基础[26]。

3.2 一种结构有限元模型修正的新方法

为准确预知润扬悬索桥结构在异常载荷（如地震、台风等）作用下的响应，确保大桥的安全性、可靠性、使用功能和使用寿命，应在全面分析和掌握结构动静力性能基础上，进行基于理论模型和实际测试数据的结构损伤识别和诊断研究，建立成桥状态下结构的指纹数据库系统，进一步建立结构的实时状态评估系统，而这些工作离不开一个准确可靠的有限元分析计算模型[42]。

然而通常情况下,通过实测所得的结构动静力响应及其模态特性与有限元计算结果都会存在一定的差异。如果假定通过实测所得的结构动静力响应及其模态特性是正确的,那么需要解决的问题就是:如何通过对结构系统参数等所进行的合理修改,使得采用有限元模型分析所得计算结果最大限度地逼近真实值。有限元模型修正技术就是为解决这一问题而发展起来的,它就是要充分利用有限元分析手段和结构试验技术,将所得实测数据用于对结构有限元模型的修正和验证,以期得到更为理想的模型,作为结构有限元基准模型。

经过四十多年的研究,模型修正技术得到了很大的发展,现有方法包括基于灵敏度分析、频响函数、神经网络,以及遗传算法的修正方法等等。许多方法已经在简支梁、悬臂梁、简单桁架、普通框架等基本结构上得到了很好的应用和验证[24],然而在对大型桥梁结构所进行的模型修正方面,由于影响因素众多而复杂,该领域的研究工作还不成熟,有待广大研究人员进一步的工作。

3.2.1 参数型修正的灵敏度分析

参数灵敏度分析在有限元模型中常常被采用,而且在一些修正方法中,计算各种灵敏度是一个必需的环节。早在1968年,Fox等人就提出了特征向量的灵敏度计算方法(模态法),经过近四十年的发展,目前在特征值和特征向量的灵敏度计算方面已取得了一些较为成熟的研究成果,也发展了一些行之有效的算法。其中特征值的灵敏度可通过结构系统的刚度矩阵和质量矩阵对设计参数的求导得到。特征向量的灵敏度则尚无解析公式,须通过求解方程组获得,常用的计算方法包括:Nelson法、经典模态法、修正模态法、迭代模态法、完备模态法等。文献[185]还对重根和密集模态问题进行了研究,以获得条件数较好的灵敏度矩阵。下面结合工程中的实际应用情况,简要介绍特征值和特征向量灵敏度分析的基本原理。

结构力学中的固有振动通常可归结为下列广义特征值问题:

$$[K]\{\phi_i\} = \omega_i^2 [M]\{\phi_i\} \tag{3-1}$$

式(3-1)中,$[K]$为系统的刚度矩阵,通常是正定的对称矩阵;$[M]$为系统的质量矩阵,如果只有节点集中质量,则$[M]$为对角阵,ω_i^2和$\{\phi_i\}$分别为结构的第i阶特征值和相应的特征向量。

把式(3-1)两边用$[K]^{-1}$左乘,并两边同时乘$\lambda_i = (\omega_i^2)^{-1}$,得

$$[K]^{-1}[M]\{\phi_i\} = \lambda_i \{\phi_i\} \tag{3-2}$$

如果$[M]$是一个纯量对角阵,那么仍为一个对称矩阵,令$[K]^{-1}[M]=[C]$,则有

$$[C]\{\phi_i\} = \lambda_i \{\phi_i\} \tag{3-3}$$

由于式中$[C]$是对角矩阵,这就转换成了一个标准特征值问题,在许多情况下,$[C]$不是

对称矩阵,为了便于计算,通常对[K]进行三角化分解把它转化成标准特征值问题。转化为标准特征问题之后,对其进行求解有很多种方法,可参见本书的 2.1 节部分,现有的有限元通用程序大都可以很便捷的对其进行求解计算。

基于特征向量(振型向量)的灵敏度分析,其关键就在于将结构的真实模态(通常采用试验实测模态)表示为上述有限元分析所得计算模态、结构参数和灵敏度系数矩阵所组成的函数。其中结构参数包括构件的材料特性、几何特性、构件连接条件、边界条件等。

在建立的有限元离散模型的过程中,假设结构分析采用的初始参数为$\{P_a\}$,通过式(3-3)求得的结构理论特征值向量为$\{\lambda_a\}$,理论特征向量矩阵为$[\phi_a]$,其中下标 a 是"analysis"的简写,表示采用有限元模型计算所得理论分析值。另一方面,通过对结构进行现场模态试验分析,可以获得结构的实测特征值向量$\{\lambda_e\}$和实测特征向量矩阵$[\phi_e]$,其中下标 e 是"experiment"的简写,表示现场模态试验实测值。

通常情况下,由于在有限元模拟过程中,以及在模态试验过程中都不可避免地会产生各种各样的误差,因此$\{\lambda_a\}$和$\{\lambda_e\}$之间、$[\phi_a]$和$[\phi_e]$之间经常存在一定的差异。其中有限元模拟的误差主要来自模型的结构误差、阶次误差和参数误差等方面。假定试验实测模态为真实模态,同时假定构造了一个精细的有限元模型,并且描述结构运动的物理方程也是精确的,那么这种差异便主要是由参数误差造成的[86]。

在桥梁结构的模态试验中,振型坐标的测量值由于常含有较大的测量噪声而导致精度不够,显然不适于直接作为结构的真实振型值。如果不考虑测量精度较低的振型项,而通过特征值对结构参数的 Taylor 级数展开并略去高阶项,可得结构参数修正与特征值差值之间的关系:

$$\{\lambda_e\} - \{\lambda_a\} = [S](\{P\} - \{P_a\}) \tag{3-4}$$

式(3-4)中,$\{P\}$为修正后模型的参数向量;$[S]$即为我们所关心的结构特征值的一阶灵敏度系数矩阵。特征向量的灵敏度系数矩阵也可通过类似方法求得。

以上分析表明,基于灵敏度法的模型修正是对存在不确定性的结构参数进行修正,并且计算过程中充分利用了现有的有限元程序,所以采用这种方法进行模型修正是可靠而实用的。然而必须指出的是,由于大型桥梁结构的特殊性和复杂性,存在着大量的物理参数和几何参数。当参数对结构特征值的影响非常小,或者几个参数对特征值影响相近时,可能会出现灵敏度矩阵$[S]$为病态的情况。另外,若在修正过程中考虑参数都过多,不仅计算量非常大,而且可能会使得修正后的参数失去其物理意义。因此现有的文献都是在灵敏度分析的基础上,选择部分主要设计参数进行大型结构的模型修正,研究结果表明这样做可以在保证计算精度的基础上,大大降低修正工程中的计算工作量。此时为了保证修正后的参数仍具有物理意义,需结合工程经验对对待修正参数的上下限进行合理的设置。本书方法在设置该上下限时,在保证参数具有物理意义的基础上,同时考虑了结构静力响应理论和实测值的对比结果,这点将在 3.2.2 节部分进行详细介绍。

3.2.2 优化算法

优化设计就是一种寻找确定最优设计方案的技术，即寻找这样一种方案，使得该方案可以满足所有的设计要求（优化过程中的设计变量和状态变量），而且所需的支出（优化过程中的目标函数）最小，故最优设计方案是实现设计目标的一个最有效率的方案。由于结构设计方案的任何方面都是可以进行优化的，比如构件的尺寸、支座的位置、自振频率、材料特性以及制造费用等，因此最优方案的寻求必须借助于一些最优化计算方法，简称优化算法，使得目标函数在控制条件下达到最小值。目前，"最优化"思想已被广泛应用于土木工程的很多领域，如工程结构设计[186]、索力优化计算[187]、模型修正[21]、阻尼器最优布置[188]等。

优化过程就是通过一定的最优化计算方法寻找该方案的过程，其具体步骤通常包括：①参数化建模、求解并提取结果，准备好用于分析的命令流文件；②基于灵敏度分析建立优化过程中的数据库参数，其中参数的初始值可能作为一阶方法的起点；③进入优化模块，指定分析文件。此时一般将步骤①中的所有参数假定是一个设计初始系列；④声明优化变量，即指定设计变量和状态变量，确定恰当的目标函数；⑤选择合适的优化算法，这是优化过程中的一个关键步骤，因为一些算法最终得到的是一个局部最小值，而非全局最小值；⑥指定优化循环控制方式，每种优化算法都对应着相应的循环控制方式，比如最大迭代次数等；⑦进行优化分析，并保存优化变量和其他参数每次迭代后的优化数据文件；⑧优化循环结束之后，进入后处理查看设计变量、状态变量以及目标函数的最终优化结果。

最优化计算方法有很多种，综合考虑了各算法的优缺点、悬索桥结构的特点以及充分利用现有有限元程序，本书基于 ANSYS 优化平台，选用了两种优化方法：一阶优化方法和零阶优化方法。零阶方法是一个很完善的处理方法，该法使用所有因变量的逼近，可以很有效地处理大多数的工程问题；一阶方法基于目标函数对设计变量的敏感程度，因此更加适合于对精度要求较高的优化分析。将这两种方法有效地结合起来，可以处理绝大多数的优化问题[60]。为了保证优化结果的计算精度，本书以耗时较多的一阶优化方法为主，并辅以零阶方法进行局部最小值验算，每次迭代计算后均保留一组最优解，直到最终满足设置的迭代收敛条件。

1) 一阶优化算法

工程实际中所遇到的优化问题绝大多数都是带有多种约束条件的，此时的优化问题通常可归纳为如下一般形式[188]：

$$\text{Minimize } J = J(x) \tag{3-5}$$

$$\text{Subjected to } \underline{x}_i \leqslant x_i \leqslant \overline{x}_i \quad (i = 1, 2, 3, \cdots, N)$$

$$\begin{cases} g_j(x) \leqslant \overline{g}_j & (j = 1, 2, 3, \cdots, m_1) \\ \underline{h}_k \leqslant h_k(x) & (k = 1, 2, 3, \cdots, m_2) \\ \underline{w}_l \leqslant w_l(x) \leqslant \overline{w}_l & (l = 1, 2, 3, \cdots, m_3) \end{cases}$$

式(3-5)中，J 为所构造的目标函数；x_i 为设计变量；g_j、h_k 和 w_l 为状态变量，变量的上、下横线分别表示对应变量的上、下限约束（如 $\underline{w}_l$ 表示状态变量 w 的下限，$\overline{w}_l$ 表示状态变量 w 的上限）；N 为设计变量的总数目；$m_1+m_2+m_3$ 为各类状态变量的总数目。

(1) 基于罚函数的无约束转化

由于无约束优化比约束优化问题效率更高，而采用惩罚函数（Penalty Function）方法可将约束优化问题转化为无约束优化问题处理[186]，因此罚函数在各种工程结构的优化设计过程中得到广泛采用，并在实际应用中不断地被改进和完善。

以式(3-5)中存在上限约束 $\overline{g}_j$ 的状态变量 g_j 为例，可采用如式(3-6)所示罚函数 P 对其进行无约束转化：

$$P_g(g_j) = \left(\frac{g_j}{\overline{g}_j + \alpha_j}\right)^{2\chi} \quad (3-6)$$

式(3-6)中，χ 为一个比较大的整数，α_j 为容许误差。当 g_j 满足式(3-5)中的约束条件时，P_g 为一个很小的数；当不满足时，P_g 则变为一个非常大的数。因此，通过罚函数的采用，就可以使得带有约束的优化问题转化为式(3-7)所示无约束优化问题：

$$Q(x, q) = \frac{J}{J_0} + \sum_{i=1}^{N} P_x(x_i) + q\left[\sum_{j=1}^{m_1} P_g(g_j) + \sum_{k=1}^{m_2} P_h(h_k) + \sum_{l=1}^{m_3} P_w(w_l)\right] \quad (3-7)$$

式(3-7)中，J_0 为参考目标函数，q 为控制约束的参数，P_x 为设计变量的外罚函数，P_g、P_h 和 P_w 为状态变量的混合罚函数。为了便于分析，可将式(3-7)分为以下两个部分：

$$Q(x, q) = Q_J(x) + Q_p(x, q) \quad (3-8)$$

其中，

$$Q_J(x) = \frac{J}{J_0} \quad (3-9)$$

$$Q_p(x, q) = \sum_{i=1}^{N} P_x(x_i) + q\left[\sum_{j=1}^{m_1} P_g(g_j) + \sum_{k=1}^{m_2} P_h(h_k) + \sum_{l=1}^{m_3} P_w(w_l)\right] \quad (3-10)$$

当选取的全部设计变量均满足约束条件时，由罚函数(3-6)可知 $P_x(x_i)=0$，此时式(3-10)则可表达为：

$$Q_p(x, q) = q\left[\sum_{j=1}^{m_1} P_g(g_j) + \sum_{k=1}^{m_2} P_h(h_k) + \sum_{l=1}^{m_3} P_w(w_l)\right] \quad (3-11)$$

(2) 基于梯度法的优化迭代计算

最优梯度法通过计算设计空间中某一点的梯度，用于研究目标函数或状态变量的敏感性。一阶优化方法中采用梯度法确定搜索方向，以减少优化分析的计算代价，提高分析结果的准确性。应用无约束优化问题的最优梯度法进行迭代计算，迭代公式为：

$$x^{(j+1)} = x^{(j)} + s_j d^{(j)} \quad (3-12)$$

式(3-12)中，s_j 为线搜索参数，对应于搜索方向 $d^{(j)}$ 上的最优步长因子，它可采用黄金分割法和最小二乘拟合技术来确定。此时 $Q_p(x,q)$ 的全局最小值取决于搜索方向 $d^{(j)}$ 以及控制约束的参数响应面参数 q。

对于初始迭代步，初始搜索方向 $d^{(0)}$ 设定为无约束目标函数斜率的负值：

$$d^{(0)} = -\nabla Q(x^{(0)}, q) = d_j^{(0)} + d_p^{(0)} \tag{3-13}$$

式(3-13)中，$q=1$，$d_j^{(0)} = -\nabla Q_J(x^{(0)})$，$d_p^{(0)} = -\nabla Q_p(x^{(0)})$。显然，梯度最大的方向被设定为初始迭代步的搜索方向。

在后续第 $j(j>0)$ 迭代步当中，其迭代方向的确定存在着很多种的最优算法，以及各种算法的改进和组合[189]。本书选取如下 Polak-Ribiere-Polyak 递推式进行迭代：

$$d^{(j)} = -\nabla Q(x^{(j)}, q) + r_{j-1} d^{(j-1)} \tag{3-14}$$

$$r_{j-1} = \frac{[\nabla Q(x^{(j)}, q) - \nabla Q(x^{(j-1)}, q)]^T Q(x^{(j)}, q)}{|\nabla Q(x^{(j-1)}, q)|^2} \tag{3-15}$$

当计算过程中检测到如病态条件、优化变量约束条件过紧等情形时，程序自动将 r_{j-1} 重新设置为零，仍要求向着梯度最大的方向继续进行迭代。

梯度向量可由下式计算得到[183]：

$$\frac{\partial Q(x^j)}{\partial x_i} \approx \frac{Q(x^{(j)} + e\Delta x_i) - Q(x^{(j)})}{\Delta x_i} \tag{3-16}$$

式(3-16)中，e 为单位矢量，在 i 位置时为 1，在其他位置时均为 0；Δx_i 为设计变量前进差分的步长值，可取为 $\Delta x_i = \frac{\Delta d}{100}(\bar{x}_i - \underline{x}_i)$。

(3) 迭代收敛条件

在每次迭代结束时都要进行收敛检查，以判断是否需要下一步迭代。一阶优化方法的迭代过程在满足以下两个收敛条件之一时结束计算。

① 分别采用当前设计与前一设计时，目标函数的变化值小于目标函数的容许误差 τ，即

$$|J^{(j)} - J^{(j-1)}| \leqslant \tau \tag{3-17}$$

② 分别采用当前设计与最佳合理设计时，目标函数的变化值小于目标函数的容许误差 τ，即

$$|J^{(j)} - J^{(b)}| \leqslant \tau \tag{3-18}$$

如果达到计算分析前已设置好的最大迭代次数，此时仍不能满足上述收敛条件，则程序也会中断迭代计算。所以目标函数容许误差 τ 的设定对于优化结果非常关键：设置过小会引起迭代次数很多，而设置过大则可能获得了一个局部最小值。

一阶优化方法经常会遇到局部最小值的情况，这主要是由于一阶优化方法是从设计空

间中的一个序列(初始序列)开始优化计算,如果该起点就在一个局部最小值附近的话,就会选择该最小值而忽略了全局最小值。因此对一阶方法所得优化结果还需进行进一步判断,验证这种情况常有两种方法:

① 采用一个不同的初始设计参数集进行重新分析,看是否仍收敛于该最小值。

② 采用两种或多种不同的优化算法进行相互验证,看是否能够最终收敛于同一结果。

本书即采用后一种方法,选择零阶优化方法对一阶优化结果进行验证。一阶优化方法计算结果精确,但计算工作量大,耗时较多。所以如果前期分析结果表明,模型中只有一部分需要在优化过程中进行调整,此时可以将该部分作为子结构来考虑,优化过程中只需对子结构部分进行循环迭代,可大大节省机时。

2) 零阶优化算法

之所以被称为零阶方法,是由于该法只使用因变量而不用其偏导数。零阶方法在每次循环中,利用因变量的估计值来代替其真实值进行计算,以生成每次对目标函数和状态变量的新的逼近,因此逼近方法是零阶法中的一个重要概念。此后的计算过程总体上与一阶方法相同:首先基于罚函数法,将约束优化问题转化为非约束优化问题,然后进行迭代计算至收敛。对式(3-5)所示优化问题,采用零阶方法进行分析时,主要过程包括以下三个部分。

(1) 逼近方法

零阶方法在优化循环过程中,建立目标函数与设计变量的关系,拟合成曲线或曲面。其拟合过程为:首先计算多个设计变量序列的目标函数值,然后求得各数据点间的最小平方。该结果曲线或曲面叫做逼近,这是零阶方法与一阶方法的主要区别所在。每次优化循环结束则生成一个新的数据点,目标函数就完成了一次更新,也就生成了一个新的逼近。状态变量与设计变量之间的关系也做了同样处理,每次循环也都生成一个新的逼近。

在零阶方法中,目标函数和状态变量的真实值被其估计值所替代:

$$\widetilde{J} = J(x) + error_1 \tag{3-19a}$$

$$\begin{cases} \widetilde{g}(x) = g(x) + error_2 \\ \widetilde{h}(x) = h(x) + error_3 \\ \widetilde{w}(x) = w(x) + error_4 \end{cases} \tag{3-19b}$$

式(3-19)中,$\widetilde{J}$ 为目标函数 $J(x)$ 的估计值;$error_1$ 为目标函数估计值与真实值之间的误差;$\widetilde{g}(x)$、$\widetilde{h}(x)$ 和 $\widetilde{w}(x)$ 分别为状态变量 $g(x)$、$h(x)$ 和 $w(x)$ 的估计值;$error_2$、$error_3$ 和 $error_4$ 分别为相应状态变量估计值与真实值之间的误差。

为了对优化生成的逼近曲线或曲面进行控制,目标函数和状态变量均可选用线性拟合、平方拟合或带交叉项的平方拟合,其中带交叉项的平方拟合最为复杂,通常拟合精度也最高。例如在生成目标函数的逼近过程中,可选取如下的带交叉项的平方拟合公式:

$$\widetilde{J} = a_0 + \sum_i^N a_i x_i + \sum_i^N \sum_j^N b_{ij} x_i x_j \tag{3-20}$$

式(3-20)中的系数 a_i、b_{ij} 通过考虑了权重的最小二乘法来确定。由于在每次生成逼近的过程中,每个设计序列都参与了拟合,但它们对最终得到的逼近有着不同的贡献,因此可以通过设置权重来影响这些系数。

权重的设定应考虑如下因素:①目标函数值越小,其对应的设计序列权重越大。这是因为目标函数值越小,表示该设计序列更接近最佳合理设计序列,理应给予其较大的权重。②同理,设计变量越接近最优设计,则其应对应的权重也该更大。③基于对各设计序列合理性的判断,显然应当赋予较合理设计序列更大的权重。以下为基于目标函数值的权重大小确定方法:

$$E^2 = \sum_{j=1}^{N_d} \phi^{(j)} (J^{(j)} - \widetilde{J}^{(j)})^2 \tag{3-21}$$

式(3-21)中,N_d 为本次形成逼近中所采用的设计序列的总数;$\phi^{(j)}$ 对应于第 j 个设计序列的权重,其值可由最小化 E^2 获得。

(2) 基于罚函数的无约束转化

利用上述逼近方法,可将式(3-5)重构如下:

$$\text{Minimize } \widetilde{J} = J(x) \tag{3-22}$$

$$\text{Subjected to } \underline{x}_i \leqslant x_i \leqslant \overline{x}_i \quad (i = 1, 2, 3, \cdots, N)$$

$$\begin{cases} \widetilde{g}_j(x) \leqslant \overline{g}_j + A_j & (j = 1, 2, 3, \cdots, m_1) \\ \underline{h}_k - B_k \leqslant \widetilde{h}_k(x) & (k = 1, 2, 3, \cdots, m_2) \\ \underline{w}_l - C_l \leqslant \widetilde{w}_l(x) \leqslant \overline{w}_l + C_l & (l = 1, 2, 3, \cdots, m_3) \end{cases}$$

上式中,A_j、B_k 和 C_l 分别为状态变量 $\widetilde{g}_j$、$\widetilde{h}_k$ 和 $\widetilde{w}_l$ 的容许误差,其他变量含义同式(3-5)。

与一阶法相似,可以采用罚函数法将其转化为无约束方程,从而将带有约束的优化问题转化成无约束的最小值求解问题。不同的是一阶法将真实的有限元结果最小化,而零阶法是对目标函数的逼近数值进行操作。转化后的无约束优化问题如下:

$$F(x, p) = \widetilde{J} + J_0 p \left[\sum_{i=1}^{N} X(x_i) + \sum_{j=1}^{m_1} G(\widetilde{g}_j) + \sum_{k=1}^{m_2} H(\widetilde{h}_k) + \sum_{l=1}^{m_3} W(\widetilde{w}_l) \right] \tag{3-23}$$

对于该无约束问题,就可以在每次迭代计算中采用连续无约束最小化方法(Sequential Unconstrained Minimization Technique,SUMT)来搜索无约束目标函数。

(3) 迭代收敛条件

零阶方法当中,如果当前设计、前一设计序列以及最佳设计是合理的,且满足下列条件之一时,就认为问题是收敛的,结束迭代计算。

① 分别采用当前设计与前一设计时,目标函数的变化值小于目标函数的容许误差 τ。

② 分别采用当前设计与最佳合理设计时,目标函数的变化值小于目标函数的容许误

差 τ。

③ 分别采用当前设计与前一设计时，所有设计变量的变化值小于各自容许误差 τ。

④ 分别采用当前设计与最佳合理设计时，所有设计变量的变化值小于各自容许误差 τ。

从上可以看出，前两个收敛条件与一阶方法完全相同，但多出了两个条件。以上分析表明，收敛并不代表实际的最小值已经得到了，只表明迭代过程满足了以上 4 个准则之一[60]。因此，需对优化结果进行再分析，如有必要还需另做附加优化分析。

如果零阶方法生成了许多不合理设计序列的话，说明状态变量的近似不能良好反映状态变量的实际情况，在这种情况下，有如下三种处理方法：①增加连续不合理设计次数的允许值，然后用附加的零阶方法分析；②在连续的逼近过程中不断选择最佳设计，以得到更好的曲线拟合；③在状态变量的逼近时选择交叉项。

3.2.3 有限元模型修正的一种新方法

已有研究已经表明，现有的各种模型修正方法都存在其针对性，大都采用或者是动力、或者是静力相关数据进行修正，这就导致了所得修正结果的不同程度的片面性。例如，仅仅基于实测模态进行模型修正，这样修正后的模型有可能出现这种情况：静力响应的理论值与实测值吻合程度未能得到改善，甚至某些响应值吻合程度比初始模型更差。大跨度悬索桥结构的模型修正中，由于更加影响因素纵多而复杂，更加易于出现上述不良情况。

为了解决以上问题，本书基于上述特征值灵敏度分析以及优化算法原理，提出了一种结构有限元模型修正的新思路。该法以结构设计参数为待修正参数，以自振特性为目标函数，以静力响应为校核函数。其中设计参数的上下限根据测试所得静力响应值和理论值的对比以及工程经验来确定，以使得修正后的模型能够较好地全面反映结构的整体动静力性能。修正程序的流程图见图 3.1。

采用 APDL 语言编写了图 3.1 所示结构有限元模型修正相应程序，在应用该程序进行优化的过程中应注意以下事项：

（1）全部分析过程，也就是从图中的"开始"至"结束"，包括建立分析模型、设定设计变量、设定状态变量、定义目标函数以及提取优化结果等，都必须使用参数设计语言 APDL，尽量避免交互式图形用户界面 GUI 的使用。

（2）由于选择过多的设计变量包括结构的物理参数和几何参数等，将会使得目标函数收敛于局部最小值的可能性增加，在分析高度非线性问题时甚至可能会引起不收敛，同时会增大迭代次数，使得耗时增多，因此应当尽量减少设计变量的数目。

（3）作为控制设计的因变量数值，状态变量的选择通常必须是通用程序本身可以计算出的数值，比如选择应力、变形、频率、振型等作为状态变量，当然用户也可以通过外挂程序构造其它的设计变量，但这样显然就加大了分析的难度。

（4）在各种优化算法中，通常都是要最小化目标函数 J，这在以上程序中也是默认的。

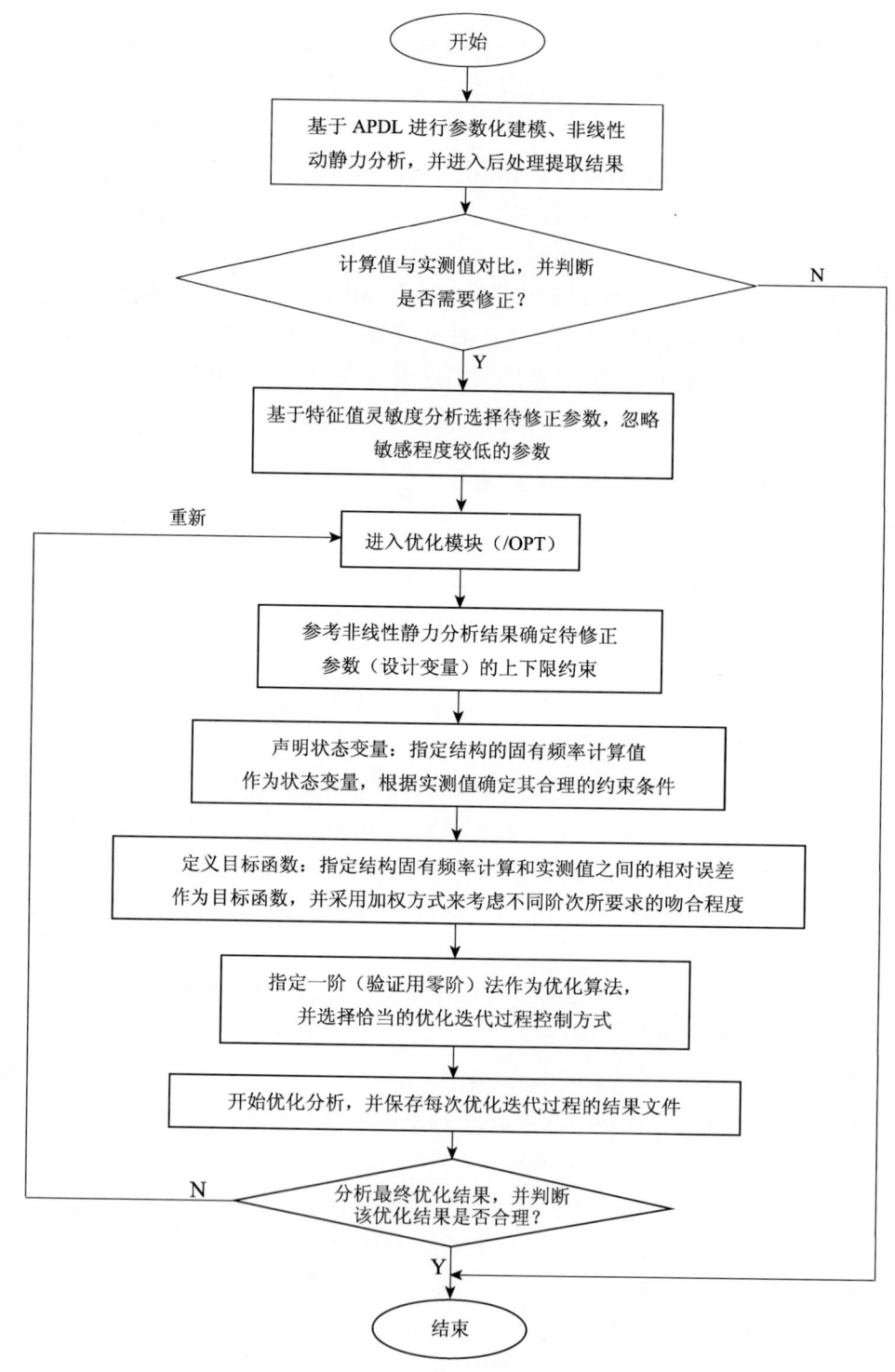

图 3.1 模型修正流程图

第 3 章 基于 SHMS 的大跨度悬索桥有限元模型修正与验证

因此,如果要最大化数值 X,可用方程式 $J=C-X$ 或 $J=1/X$ 来对其进行转换,其中 C 为远大于 X 的数。当采用零阶方法分析时,为了得到准确的结果,采用 $J=C-X$ 要比 $J=1/X$ 好[190]。

(5) 由于采用一阶优化采用梯度法进行搜索,常会得到局部而非全局最小值,因此对一阶方法所得优化结果还需进行进一步判断,故当怀疑所得结果非全局最小值时,在重新进入优化模块后,此时当选择零阶方法验证优化结果。

(6) 由于本方法在对设计变量进行约束时不仅保证了修正后的设计参数仍具有物理意义,同时考虑了静力响应结果计算值和实测值之间的相对误差,从某种意义上说是增强了优化约束条件,因此,该程序对初始有限元模型模拟精度和可靠性都提出了更高的要求。

3.3 润扬悬索桥成桥试验简介

为了检验桥梁设计和施工质量,把握润扬悬索桥结构的竣工状态,为该桥结构健康监测系统"指纹数据库"的建立及其运营期间的维修养护提供技术依据,于 2005 年 1 月 4—6 日进行了润扬悬索桥的静动载试验。限于篇幅,本书主要介绍了用于模型修正和验证的环境随机振动测试、主要工况下主梁关键截面的应力测试、主梁挠度和塔顶位移的测试,其他测试内容详见参考文献[168]。

3.3.1 环境随机振动测试

环境随机振动法是通过量测由环境随机激振而产生的结构物微小振动来分析结构物动力特性的方法。采用该法进行模态测试时,仅用结构的响应数据就可以进行模态分析,其优点还包括:不妨碍交通、不需激振系统、不受结构形式和大小的限制、能够识别结构的低频等。由于一般情况下结构物的脉动极其微弱,因此该法对拾振器和放大的灵敏度和抗噪声能力要求较高。为了校核该桥动力特性的有限元计算结果,把握大桥结构的实际自振特性,提供目前采用计算方法尚无法准确得到的各阶振型的阻尼比,成桥试验中采用环境随机振动法对润扬悬索桥的动力特性进行了测试。

箱梁测试时,将其主跨 46 等分,共选取 47 个测量断面,每一断面上按横桥、上游垂直、下游垂直三个方向各布置一个振动传感器。同时在横桥、上游垂直、下游垂直三个方向各选一个固定测点作为参考点,分 8 组测试各测点的时域振动信号。索塔测试时,根据结构的对称性,只取南塔进行测试,选取上横梁、中横梁、中横梁与下横梁三分点及下横梁共 5 个截面作为测试断面,

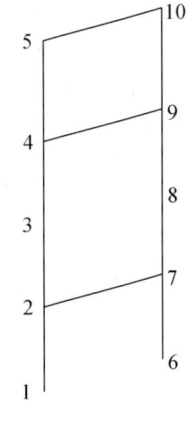

图 3.2 南塔测点布置图

测点布置如图3.2所示。每一断面上按横桥、上游纵桥、下游纵桥三个方向各布置一个振动传感器。采用振动模态分析专用软件对全部信号进行整体分析,得到相关振动模态参数。润扬悬索桥部分动力特性实测结果见图3.3和图3.4。

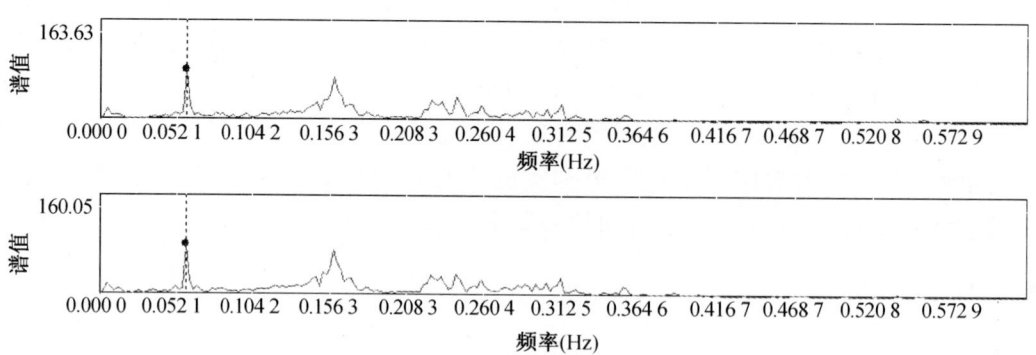

(a) 部分测点横向振动响应频谱图

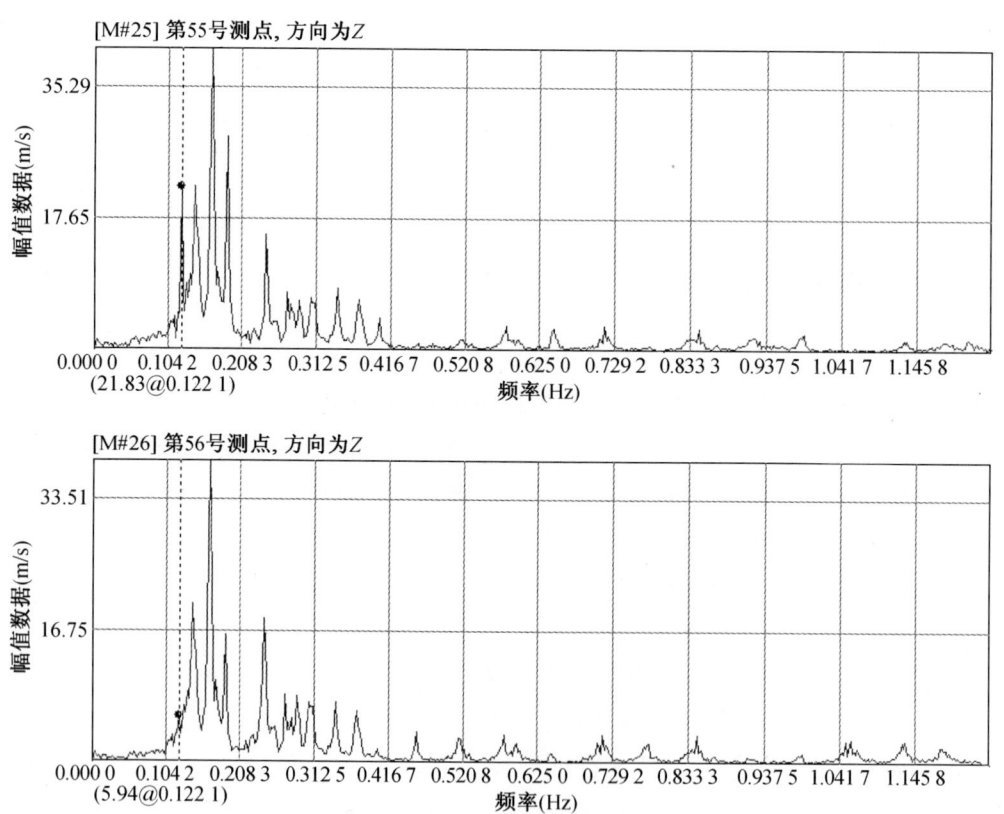

(b) 部分测点竖向振动响应频谱图

图3.3 润扬悬索桥桥面实测加速度响应频谱图

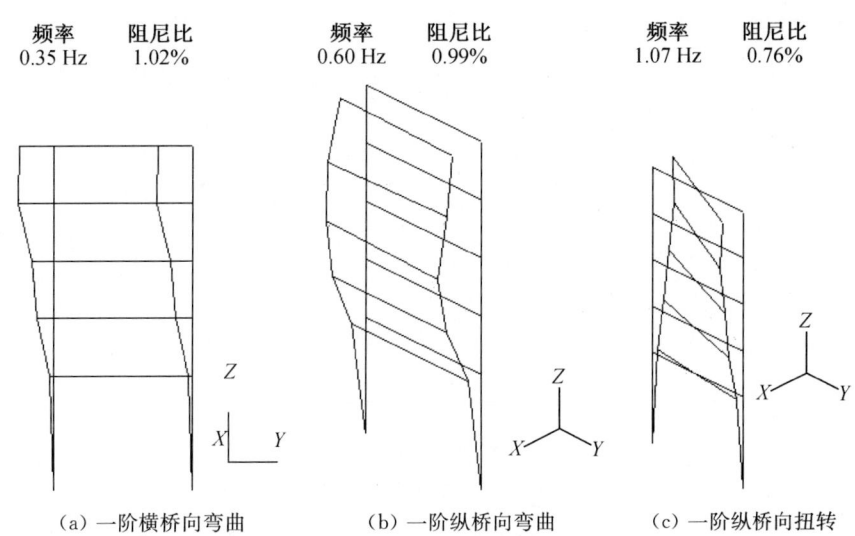

图 3.4 润扬悬索桥实测桥塔振型图

3.3.2 钢箱梁应力测试

1) 荷载工况

静载试验共计 8 种车载工况，本书用到了其中的前 6 种工况，这 6 种工况对应的加载车辆纵桥向位置如表 3.1 所示。工况 1～3 和 5～6 对应的加载车辆横桥向布置均如图 3.5(a) 所示，工况 4(偏载)时则如图 3.5(b)所示，图中单位以"cm"计，其中以加载车辆左前轮标记加载位置。

表 3.1 润扬悬索桥静载试验工况表

工况	加载车辆纵桥向位置
1	主梁中跨 L/4 截面(17～29)。52 辆车排成 4 列 13 行,行距 16.1 m,横桥向对称。
2	主梁中跨 L/2 截面(40～52)。52 辆车排成 4 列 13 行,行距 16.1 m,横桥向对称。
3	主梁中跨 3L/4 截面(63～75)。52 辆车排成 4 列 13 行,行距 16.1 m,横桥向对称。
4	主梁中跨 L/2 截面(40～52)。39 辆车排成 3 列 13 行,行距 16.1 m,横桥向偏心。
5	主梁中跨 L/2 截面(46～48)。16 辆车排成 4 列 4 行,行距 9.6 m,横桥向对称。
6	主梁中跨 L/2 截面(46～48)。将工况 5 中所有车队车辆前移 1.6 m。

注：括号中的数据为对应的吊杆编号,中央扣编号为 46,故最大编号数为 91。

2) 应力测点布置

以静载试验中润扬悬索桥钢箱梁 1/4 截面的测试为例进行介绍。为了便于测试,其中顶、底板和 U 形肋的测点沿桥纵向均位于包含该截面的两相邻横隔板中间。在顶板、顶板 U 形肋和底板布置的测点主要用来考察应力状态沿横桥向的分布情况。在横隔板顶部两侧位置布置了一些应变花,用以测试横隔板是否弯曲。钢箱梁 1/4 截面的局部应力测点分布如图3.6所示。

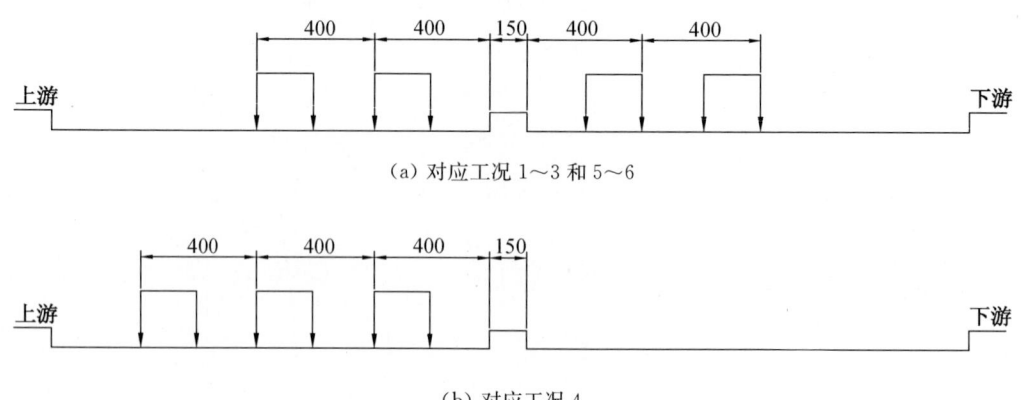

(a) 对应工况1~3和5~6

(b) 对应工况4

图3.5 加载车辆横桥向布置图

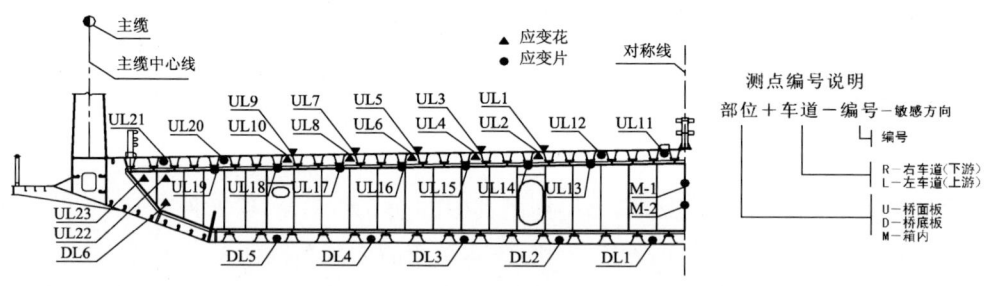

图3.6 主梁1/4截面应变测点分布图

3) 关键截面位移测试

对应以上各静载试验工况,进行了主梁挠度、主梁纵向位移、主塔变位、支座位移与转角等结构几何位置变化的测量。其中:

(1) 主梁挠度的测试采用全站仪及GPS共同进行。全站仪测点布置在主梁八分点(L/8、L/4、3L/8、L/2、5L/8、3L/4、7L/8截面,L为主跨)桥面,GPS测点布置在主梁四分点桥面,上下游均布设。

(2) 在南北塔塔顶各布置一个GPS测点,以测试索塔塔顶位移。

3.4 润扬悬索桥有限元模型修正

为了充分利用润扬悬索桥裸塔结构的动力测试数据,减少全桥结构优化过程中的待修正设计参数,降低难度和复杂性,将该桥的模型修正分为两个步骤来进行:①利用裸塔现场模态测试信息对混凝土桥塔模型的部分设计参数进行修正,并将修正后的参数作为桥塔结构的基准参数;②在上述基础上,采用本书方法,基于成桥试验和SHMS实测数据对全桥有限元模型进行修正和验证,以获得用于后续研究的有限元基准模型。

3.4.1 桥塔结构有限元模型修正

为了掌握润扬悬索桥动力性能的第一手资料,在该桥桥塔建成后尚未挂缆前(图3.7)的2002年10月份,本课题组对其进行了专门的动力特性测试,测试内容、过程、方法及结果可见文献[191]。由于该桥塔①为多层门式框架结构,结构形式比较简单;②挂缆前的受力状态显然也较简单;③易于对其进行现场模态测试;④对简单框架结构的模型修正已相对成熟,且目前已有许多有限元修正专用软件如FEM Tools等可以利用。因此,和全桥结构的模型修正相比较而言,桥塔的修正比较简单[192]。

图3.7 挂缆前的润扬悬索桥北塔

基于特征值灵敏度分析,去除不敏感参数,选择修正过程中的待修正参数如表3.2所示。由于裸塔动力特性测试时未同时进行静力测试,因此主要根据工程经验,按照式(3-5)将设计参数的上下限设为±10%,例如假定上横梁的初始截面积为$A_0=24.0640$,则其容许变化范围为$[0.9A_0, 1.1A_0]$,即为$[21.6576, 26.4704]$。

选择结构的自振频率误差:$E=(f_c-f_m)/f_m$作为状态变量,其中f_c为计算频率值,f_m为实测频率值。考虑到一阶侧弯、竖弯以及扭转频率对结构的重要性及其测试中的相对可靠性,将其约束条件设定为±4%,即E的变化范围是$[-0.04, 0.04]$,二阶侧弯、竖弯以及扭转频率误差设定为±8%,因此共有6个状态变量。另将其他3阶实测频率用于对修正模型进行验证。

表 3.2 修正前后主塔结构动力特性

振型特点	原始值(Hz)	修正值(Hz)	实测值(Hz)	修正后 E_i(%)	MAC(%)	附注
一阶纵桥向弯曲	0.188 5	0.198 7	0.200	0.65	94.521	修正
一阶横桥向弯曲	0.348 1	0.349 2	0.349	0.05	95.198	修正
一阶扭转	0.797 5	0.796 2	0.773	3.00	87.325	修正
二阶纵桥向弯曲	1.042 9	1.071 2	1.078	0.63	91.121	修正
二阶横桥向弯曲	1.377 7	1.375 8	1.399	1.66	90.387	修正
三阶横桥向弯曲	1.873 8	2.039 6	2.104	3.06	86.278	验证
二阶扭转	1.976 1	2.016 9	2.133	5.44	88.552	修正
四阶横桥向弯曲	2.565 6	2.574 4	2.626	1.96	84.418	验证
三阶纵桥向弯曲	2.607 1	2.780 5	2.671	4.10	87.612	验证

根据模型修正的最终目的,设定目标函数 J 如下:

$$\text{Minimize } J = \sum_{i=1}^{6} \varphi_i E_i^2 \quad (i = 1, 2, 3, \cdots, 6) \tag{3-24}$$

式(3-24)中,E_i 对应所选 6 个状态变量,φ_i 为相应各状态变量的权重因子:

$$\varphi_i = \frac{10\,000 E_i^2}{\sum_{i=1}^{6} E_i^2} \quad (i = 1, 2, 3, \cdots, 6) \tag{3-25}$$

式(3-25)中,由于 φ_i 与对应各阶频率误差 E_i 的平方成正比,使得每次优化迭代过程都能朝着目标函数值迅速下降的方向进行,大大提高了优化效率,系数 10 000 是为了调大目标函数值。

计算与测试模态振型二者之间的相互匹配情况,可采用模态相关准则 MAC(Model Assurance Criterion)来表征[87],MAC 的计算表达式如下:

$$\text{MAC}(\phi_c, \phi_m) = \frac{|\{\phi_c\}^T \{\phi_m\}|^2}{(\{\phi_c\}^T \{\phi_c\})(\{\phi_m\}^T \{\phi_m\})} \tag{3-26}$$

式(3-26)中,$\{\phi_c\}$、$\{\phi_m\}$ 分别表示计算和实测的振型向量,MAC 值越高,表明振型间的相关性越好,由于 ANSYS 中没有专门的 MAC 计算模块,本书计算时基于 MATLAB 进行,在已存储好实测振型向量 $\{\phi_m\}$ 的基础上,编制程序直接调用 ANSYS 的计算结果 $\{\phi_c\}$。

在上述基础上,基于一阶优化算法对桥塔结构有限元模型进行了修正,修正前后其动力特性的对比见表 3.2,图 3.8 列出了一阶侧弯、竖弯以及扭转振型图,修正后的设计参数见表 3.3。

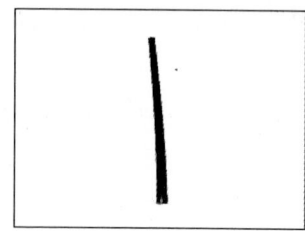  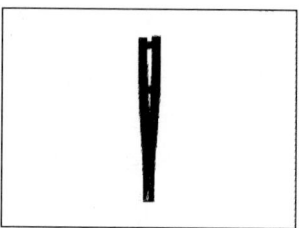

(a) 一阶纵桥向弯曲　　(b) 一阶横桥向弯曲　　(c) 一阶扭转弯曲

图 3.8　主塔结构的一阶振型图

表3.3 修正后主塔结构的设计参数

参数构件	截面面积 $A(m^2)$	抗弯惯矩 $I_z(m^4)$	抗弯惯矩 $I_y(m^4)$	抗扭惯矩 $I_x(m^4)$
塔 顶	40.332 9	157.404 4	396.765 8	325.777 6
上横梁	23.894 5	243.039 8	209.846 9	338.529 1
上塔柱1	26.385 0	133.548 3	309.555 3	275.939 2
上塔柱5	27.843 2	145.404 1	347.350 4	306.987 0
上塔柱6	29.594 0	145.112 3	378.678 2	307.341 8
中横梁	26.407 6	310.536 5	238.822 0	403.371 6
下塔柱1	32.430 8	157.124 0	437.096 7	326.855 1
下塔柱6	36.280 9	172.206 6	570.822 1	417.001 1
下横梁	33.498 5	585.985 7	476.897 6	789.955 6
塔底1	40.239 9	178.990 7	627.579 8	404.272 8
塔底4	40.323 3	203.908 0	699.398 7	437.380 0
塔底5	41.645 4	206.558 1	711.378 5	468.795 6
塔底6	67.045 5	225.828 2	918.309 5	494.525 8

由以上修正结果可知：

（1）由表3.2可知，修正后自振频率的理论值和实测值最大相差为5.44%，对应二阶扭转振型，同时三个验证频率的最大误差值仅为4.10%，说明二者之间吻合良好；各阶模态的MAC值都比较高，说明计算与实测振型之间具有良好的相关性。

（2）表3.2还表明，对于类似桥塔的较简单结构，只要建模过程中各方面模拟准确，即使不经过模型修正也能较好地反映结构的动力特性。

（3）表3.3和表2.4的对比表明，桥塔参数在修正前后变化较小（抗扭惯矩由于计算复杂变化相对较大），说明该塔的施工能够达到设计要求，其动力性能可以得到保证。

值得注意的是，表3.2中出现了模型修正之后的频率误差值变大的情况，包括二阶横桥向弯曲和三阶纵桥向弯曲。

3.4.2 全桥结构有限元模型修正

与桥塔结构的模型修正不同，对于大跨悬索桥这样带有明显非线性特征的复杂结构进行模型修正是一项富有挑战性的工作，虽然已有一些尝试性的研究案例[86]，但由于影响因素众多，这方面的工作还有很多需要完善的地方，如建模方法的改进、模型修正方法的选择、修正程序的编制、模态测试技术的改进等等。

在上述桥塔结构模型修正和第2章模态分析的基础上，基于ANSYS的非线性静力分析模块计算了润扬悬索桥各种成桥试验工况下大桥关键截面的静力（主梁应力、位移及主塔顶位移)响应,并将有限元计算所得该桥动力特性及静力响应数据与成桥动静载试验和 SHMS 实测数据进行了对比,最后采用所提出的方法对该桥全桥结构有限元模型进行了修正。

1) 优化变量的确定

优化变量包括设计变量、状态变量以及目标函数。设计变量的选择会直接影响到优化分析的效率和收敛性,是模型修正中的基础性工作。对于大跨度悬索桥体系而言,设计参数多而复杂,因此设计变量的选取必须在进行结构分析的基础上,结合已有研究基础进行。据此确定备选设计变量包括:主梁的截面高度、截面积、换算密度、弹性模量、绕横向和绕竖向的两个抗弯惯性矩以及抗扭惯性矩;主缆的截面积、密度、弹性模量以及初应变;边缆弹性模量;吊杆的截面积、密度、弹性模量以及初应变;主塔的截面高度、密度和弹性模量(注意到主塔模型修正中并未对其修正)。

由于重力刚度的作用,悬索桥主缆和和吊杆的初应力对结构刚度的改变有着非常显著的影响,特征值灵敏度分析也证明了这一点。采用静动载试验实测索力,将其转化为初应变直接输入主缆和和吊杆单元[193],并进行应力刚化,减少了待修正设计变量,为模型修正与验证奠定了良好的基础。

若其他设计参数不变,主缆和吊杆截面积的变化会改变其刚度和质量。由于其初应变已经确定,故不应将主缆和吊杆的截面积作为设计变量,以免改变实际索力。截面积对系统质量的贡献可通过调整材料的密度来获得。另特征值灵敏度分析表明吊杆的密度对结构动力特性影响较小,由于悬索桥质量系统中,由吊杆提供的质量只占一小部分,所以这点也是很显然的。

部分设计参数如主梁和主塔的截面高度能够较精确地测得,故也不应将其作为设计变量。但主梁与主塔的截面积由于构件制造、施工等过程可能产生误差,应当给予考虑。基于特征值灵敏度分析,再进一步排除吊杆的弹性模量等不敏感参数之后,确定如下 10 个待修正参数作为设计变量:主梁的换算密度(D_g)、弹性模量(E_g)、两个抗弯惯性矩(I_z 和 I_y)和抗扭惯性矩(I_x);主缆的密度(D_c)和弹性模量(E_{mc});边缆弹性模量(E_{bc});主塔的密度(D_t)和弹性模量(E_t)。

为了使得修正后模型的静力响应也能够更加接近实测值,在设置约束条件时考虑了初始模型静力计算值相对实测值的偏离方向,使得约束条件的设置能够同时保证迭代过程朝着动静力响应均更加吻合的方向发展,下面以主塔的弹性模量 E_t 为例进行说明。由 3.5.1 节表 3.6 显然可见,从工况 1 到工况 6 下,计算值都比实测值略偏大,在截面积和抗弯惯性矩已修正完毕的情况下,只有弹性模量变大才能更加向着实测值靠拢,因此结合结构的实际情况及工程经验将其上下限分别设为+15%和-5%(下限仍取为负数是为了保证迭代结果收敛,对于精度较高的初始模型,取为 0 也是可行的)。由于 E_t 的初始值取为 $3.5×10^{10}$ N/m^2,则其容许变化范围为[3.325e10,4.025e10]。以下分析中若未注明,全部优化变量均采用国际单位,据此设定优化过程中设计变量的约束条件如下:

第3章 基于SHMS的大跨度悬索桥有限元模型修正与验证

$$\begin{cases} 14.497 \times 10^3 = 0.95 D_{g0} \leqslant D_g \leqslant 1.10 D_{g0} = 16.786 \times 10^3 \\ 1.995 \times 10^{11} = 0.95 E_{g0} \leqslant E_g \leqslant 1.10 E_{g0} = 2.310 \times 10^{11} \\ 1.872 = 0.90 I_{z0} \leqslant I_z \leqslant 1.10 I_{z0} = 2.288 \\ 125.370 = 0.90 I_{y0} \leqslant I_y \leqslant 1.15 I_{y0} = 160.195 \\ 5.31 = 0.90 I_{x0} \leqslant I_x \leqslant 1.15 I_{x0} = 6.785 \\ 7.074 \times 10^3 = 0.90 D_{mc0} \leqslant D_{mc} \leqslant 1.15 D_{mc0} = 9.039 \times 10^3 \\ 1.7 \times 10^{11} = 0.85 E_{mc0} \leqslant E_{mc} \leqslant 1.05 E_{mc0} = 2.1 \times 10^{11} \\ 1.6 \times 10^{11} = 0.8 E_{bc0} \leqslant E_{bc} \leqslant 1.05 E_{bc0} = 2.1 \times 10^{11} \\ 2.47 \times 10^3 = 0.95 D_{t0} \leqslant D_t \leqslant 1.05 D_{t0} = 2.73 \times 10^3 \\ 3.325 \times 10^{10} = 0.95 E_{t0} \leqslant E_t \leqslant 1.15 E_{t0} = 4.025 \times 10^{10} \end{cases} \quad (3\text{-}27)$$

式(3-27)中，下标 0 代表设计变量的初始值，其具体数值见表 3.5。

与主塔的模型修正过程类似，选择结构的主要自振频率误差 $E = (f_c - f_m)/f_m$ 作为状态变量，考虑到一阶频率对结构的重要性，将以主梁振动为主和以主塔振动为主的一阶侧弯、竖弯以及扭转频率误差(6 个状态变量)的约束条件均设定为 $\pm 6\%$，即 E 的变化范围是 $[-0.05, 0.05]$，以主梁振动为主的第二阶侧弯、竖弯扭转以及三阶扭转频率误差(4 个状态变量)设定为 $\pm 10\%$，因此共有 10 个状态变量。另将其它 10 阶实测频率值用于对修正模型进行验证。

设定目标函数 J 如下：

$$\text{Minimize } J = \sum_{i=1}^{10} \varphi_i E_i^2 \quad (i = 1, 2, 3, \cdots, 10) \quad (3\text{-}28)$$

式(3-28)中，E_i 对应所选 10 个状态变量，φ_i 为相应的权重因子，按照式(3-29)进行确定：

$$\varphi_i = \frac{10\,000 E_i^2}{\sum_{i=1}^{10} E_i^2} \quad (i = 1, 2, 3, \cdots, 10) \quad (3\text{-}29)$$

2) 优化计算及结果分析

在上述工作的基础上，采用一阶优化算法对润扬悬索桥全桥有限元模型进行了修正和验证工作。由于全桥模型单元数目较多、状态变量数目也较多且均为动力参数，而每次迭代循环都必须进行一次全桥非线性静力分析和模态分析，同时考虑到一阶优化算法耗机耗时，因此优化工作选择在专用的高性能工作站上进行。迭代过程中，将最大迭代次数设定为 60 次，目标函数容许误差设定为 0.01。优化过程结束后自动保存全部优化变量每次迭代过程的结果文件，以其中最为关键的目标函数值随迭代次数的变化情况为例进行说明，二者之间的关系曲线如图 3.9 所示。

由图 3.9 可知，整个迭代过程中，目标函数值总体上呈现下降趋势，其中以前三次迭代

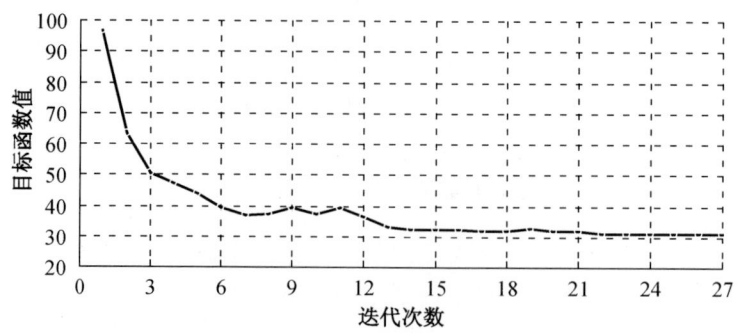

图 3.9 目标函数值与迭代次数的关系曲线

效果最佳、4~6次迭代效果次之,在14次迭代之后的关系曲线已接近水平线了。优化迭代过程实际收敛于第27次,远未达到所设置的最大迭代次数。此时对应的最优目标函数值为31.123(其初始值为96.827),修正后的目标函数值下降67.86%。同时还可以看出,第14步的迭代结果就已经非常接近最优解了,如果最大容许误差设为0.05,则优化过程在第15次迭代即将收敛,但如果再设大一些则可能导致迭代结果的精度不够。因此,优化迭代过程中最大容许误差的应合理设置。优化迭代前后的设计参数值对比见表3.4。

为了便于分析比较,表3.4中还计算了修正之后结构设计参数的变化率。全部设计参数在修正之后的变化率均在15%以内,其中弹性模量E_{bc}变化率最大,下降了14%,这主要是由于初始值输入时故意为考虑缆索垂度的影响。这些都能够表明:已经修正了主塔结构并输入了实测索力的有限元初始模型已具有较好的可靠性,相对较多的测试信息为润扬悬索桥的模型修正奠定了基础,该经验可供其他大型复杂土木工程结构的模型修正参考。

表 3.4 修正前润扬悬索桥结构的设计参数

	结构设计参数	初始值	修正值	变化率(%)
钢箱梁	换算密度 D_g(kg/m³)	15.26×10^3	16.41×10^3	7.54
	弹性模量 E_g(MPa)	2.10×10^5	2.14×10^5	1.90
	竖弯惯性矩 I_z(m⁴)	2.08	2.16	3.85
	侧弯惯性矩 I_y(m⁴)	139.30	154.79	11.13
	扭转惯性矩 I_x(m⁴)	5.90	6.34	7.46
主缆	密度 D_c(kg/m³)	7.86×10^3	8.68×10^3	10.43
	弹性模量 E_{mc}(MPa)	2.00×10^5	1.86×10^5	−7.00
边缆	弹性模量 E_{bc}(MPa)	2.00×10^5	1.72×10^5	−14.00
主塔	密度 D_t(kg/m³)	2.60×10^3	2.64×10^3	1.54
	弹性模量 E_t(MPa)	3.50×10^4	3.84×10^4	9.71

修正前后各对应阶次频率误差值的对比见图3.10,其中,DL、DV、DT分别表示桥面

(主梁)振动为主的侧弯、竖弯和扭转振型；TLA、TLO、TT1分别表示主塔振动为主的横桥向弯曲、纵桥向弯曲和扭转振型；其后的阿拉伯数字表示振型阶次。如DL1表示一阶桥面侧弯振型，下同。

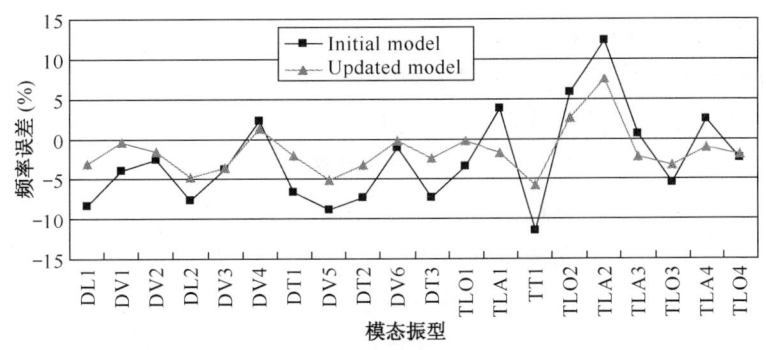

图3.10 模型修正前后的频率误差值

由图3.10可见，作为状态变量的频率误差在修正之后均有明显下降，而且作为验证振型的频率误差也基本有所降低（TLO4振型变化很小），最大频率误差由12.34%下降到7.38%，对应TLA2振型（为验证振型），说明修正值后模型可以较好地反映结构的实际状况。图3.10还可以看出，主塔振动为主的频率误差较之裸塔时吻合情况差很多，除了测试等原因之外，主要是由于挂缆后结构更加复杂，就主塔而言相当于约束条件增加，也因此增大了对其动静力分析的难度。

基于全桥有限元初始模型计算所得的部分模态振型MAC值较低，再加上部分振型频率比较密集（比如一阶反对称侧弯和一阶对称竖弯），在全桥结构的修正过程中有可能发生模态出现的前后次序不一致的情况（初始模型则出现了这种情况），因此更加有必要进行计算模态和实测模态振型之间的相关性验算。为此计算了修正之后各阶模态的MAC值，如图3.11所示。

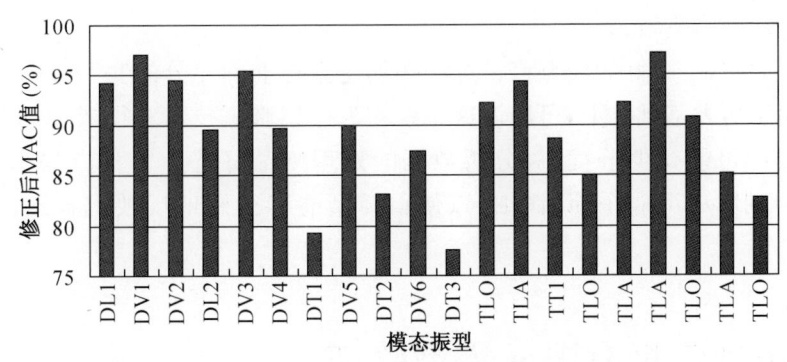

图3.11 润扬悬索桥模型修正后的MAC值

修正后各阶模态出现的前后次序与实测结果完全吻合，且由图3.11可知，修正后各阶模态的 MAC 值均在 75% 以上,最小值为 77.6%,对应 DT3 振型,这在工程上是可以接受的。

至此,基于一阶优化算法的润扬悬索桥有限元模型修正工作已初步完成。为了确定该结果即为全局最小值而非局部最小值,选用零阶算法重新进行了上述修正过程,只是考虑到零阶算法中未进行梯度计算,故将最大迭代次数改设为 120 次,实际收敛于第 57 次,此时的最优目标函数值为 31.276 由于一阶算法所得结果为 31.123,这就说明该解即为本优化问题的全局最优解,二者之间的微小误差是由两种优化算法本身的计算精度不同所致。

值得注意的是,虽然上述分析结果表明,通过对现有方法的一些改进和测试数据的充分利用,有限元模型修正技术在润扬悬索桥工程中得到了较成功的应用,但是不管采用零阶算法还是一阶算法,随着优化迭代次数的进一步增加,最优目标函数值已基本不再下降,MAC 值也是略有增减,说明这些残余误差通过优化算法是不能完全被消除的,导致这些误差的主要原因包括:

(1) 环境振动测试及实测数据的处理过程都可能会受到噪声等因素的影响,使得实测值与真实值之间本身就存在着一定的差别。

(2) 对模态试验实测数据的分析过程通常也会产生一些误差,甚至采用不同的分析方法所得结构频率值也会略有不同[194]。

(3) 整个设计参数型修正过程仅考虑了有限元模型的参数误差,仍然存在着一些理想化的假设,如吊杆的连接条件、主塔的边界条件等。

(4) 修正过程未考虑由无限阶次的连续体系离散为有限自由度的离散模型所致模型阶次误差因素的影响,而且该误差在大型复杂土木工程结构中很难完全消除。

(5) 设计参数型修正过程假定描述结构运动的物理方程是精确的,因此就未能够考虑模型结构误差因素的影响。

(6) 在根据特征值灵敏度分析选择待修正参数的过程中,很有可能淘汰了一些灵敏度较低,但包含较大误差的设计参数,而且这些参数可能对结构其他方面的信息(比如 MAC 值、局部应力值等)影响较大。

以上分析表明,一个好的模型修正过程必须建立在准确充分的实测数据和精确可靠的有限元初始模型两大基础之上,可以说这二者均为模型修正技术获得成功的关键所在。现场实测过程要尽可能减少干扰,对分析数据的处理则最好选用多种方法相互校核;有限元模拟过程中则应尽可能全面、详细,以使得模型能够很好地反映出各结构各构件的相关特性。

3.5　润扬悬索桥有限元模型验证

一个良好的有限元模型,应该不仅能够反映结构的模态特性,还必须同时在静力响应信息方面得到验证。为了对上述有限元修正模型的准确性和可靠性进行验证，分别采用初始模型和修正模型计算了各种工况下，该桥部分关键截面的位移和应力值，并将两种模型所得计算结果和动静载试验实测结果进行了相互比较分析。

3.5.1 关键位移验证

由于塔顶位移和主梁挠度对于悬索桥结构线形及受力等各方面所起到的控制性作用，同时为了验证本书修正方法在设定参数约束条件时的有效性，选择主梁4分点（$L/4$、$L/2$ 以及 $3L/4$ 截面，L 为主跨）的挠度以及塔顶的纵桥向位移作为关键位移进行模型验证。考虑到南北塔结构的对称性，此处仅以南塔塔顶位移为例进行介绍。

限于篇幅，表中仅将相对不利工况下的关键位移列出。主梁关键截面竖向位移值的对比见表3.5，其中实测值采用的是精度较高的GPS所测得的同一截面上下游平均值。南塔塔顶纵桥向位移值的对比见表3.6。表中位移值单位均以"m"计，其正负号的设定如下：以向上、向北为正；向南、向下为负。其中"Measured"表示实测值；"Initial"表示基于初始模型所得计算值；"Updated"表示基于修正模型所得计算值。

表 3.5 主梁关键截面竖向位移值的对比

工况	$L/4$ 截面			$L/2$ 截面			$3L/4$ 截面		
	Measured	Initial	Updated	Measured	Initial	Updated	Measured	Initial	Updated
1	−2.826	−2.828	−2.820	0.170	0.074	0.106	1.268	1.247	1.243
2	0.062	0.058	0.061	−2.384	−2.414	−2.400	0.069	0.054	0.062
3	1.229	1.247	1.241	0.104	0.076	0.108	−2.814	−2.828	−2.821
4	0.091	0.043	0.052	−1.783 5	−1.831	−1.786 9	0.055 3	0.040	0.048

表 3.6 南塔塔顶纵桥向位移值的对比

工况 1			工况 2			工况 3		
Measured	Initial	Updated	Measured	Initial	Updated	Measured	Initial	Updated
0.051	0.064	0.058	0.076	0.085	0.080	0.061	0.063	0.062
工况 4			工况 5			工况 6		
Measured	Initial	Updated	Measured	Initial	Updated	Measured	Initial	Updated
0.052	0.054	0.053	0.018	0.026	0.022	0.018	0.020	0.001 9

假定实测结果准确可靠，则从表3.5和表3.6可以很显然地看出，总体而言，无论是主梁挠度还是塔顶位移，计算值和实测值均吻合较好，而且基于修正后模型所得计算结果更加接近实测值。去除少数不太合理的实测值（工况1时主梁 $L/2$ 截面、工况4时主梁 $L/4$ 截面和工况5时塔顶位移）之后，误差范围基本都在10%以内。

3.5.2 钢箱梁应力验证

为了计算钢箱梁的局部应力，严格按照设计图纸，建立了润扬悬索桥箱梁三维有限元精细模型,如图 3.12 所示。该模型共计两个标准段(长 32.2 m),其中包括箱梁顶板、底板、U 形肋、风嘴以及横隔板等均采用板壳单元进行模拟。单元的材料特性和截面特性均按照设计图纸计算所得,并与设计单位进行了复核。精细模型总计 42 241 个壳单元,由于网格划分的密度直接影响到计算结果,由图 3.12 可见该模型网格划分较密,而且在应力集中区域划分更细。

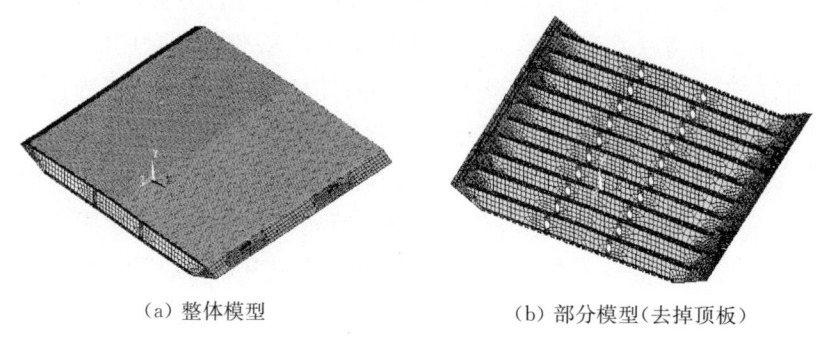

(a) 整体模型　　　　　　　(b) 部分模型(去掉顶板)

图 3.12　箱梁标准段三维有限元分析精细模型

根据圣维南原理,只要所建局部模型尺寸足够大,远离边界的截面应力在精细模型内就可以得到较精确的结果。以润扬悬索桥整体模型和以上局部精细模型为基础,采用 APDL 语言编制了二者之间的衔接程序以及相应的有限元求解程序[195],计算了相关应力值。具体步骤为:①对各种加载工况下的有限元整体模型进行分析;②在局部精细模型的两端各添加一无质量、无厚度的刚性面单元;③编制程序以自动调用上述整体模型结果作为局部精细模型的边界条件,并将其施加到该刚性面单元上;④指定分析类型和分析选项,并施加其他直接作用在局部精细模型上的荷载和约束,此处主要包括重力、温度、吊杆拉力和车辆荷载,其中吊杆拉力均采用集中力模拟,车辆荷载在整体模型中简化为集中力,在局部模型中采用等效面荷载模拟;⑤指定荷载步选项并对该局部精细模型进行求解,保存应力分析结果;⑥进入后处理器察看结果。

在采用上述应力分析方法的过程中,有两点需要引起注意:其一是局部模型的尺寸,这是圣维南原理方法本身的要求;其二是局部精细模型中网格划分的密度。与实测结果的对比表明所取梁段的长度以及网格划分的密度都已足够满足要求。图 3.13 列出了工况 3 ($L/4$ 应力测试截面最不利工况)时,主梁 $L/4$ 截面关键部位的应力值。图中横轴表示应力测点(Measured Points)沿主梁横向的布置,纵轴表示相应各测点的实测应力值(Stress Value)。

由图 3.12 以及其他本书未列出的钢箱梁应力值对比可知,由于测试误差、模型误差以及该两体系计算方法本身的误差,修正模型所得计算应力值仍不能与实测结果非常理想地吻合。但很显然,基于修正后模型所得计算应力值更加接近实测值,虽然接近的程度有所不同。同时,无论是顶板及其 U 形肋还是底板结构,其修正后的应力分布趋势都更接近于实测结果。

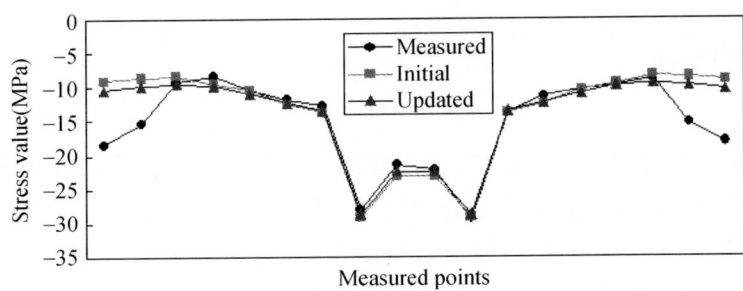

(a) 顶板应力分布

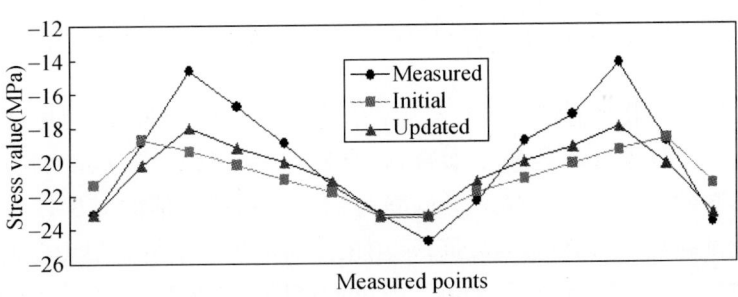

(b) 顶板 U 形肋应力分布

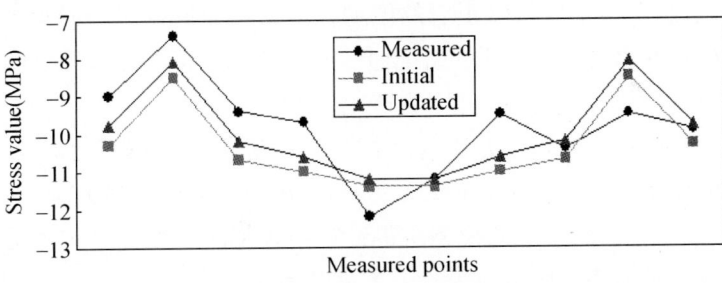

(c) 顶板和 U 形肋连接处应力分布

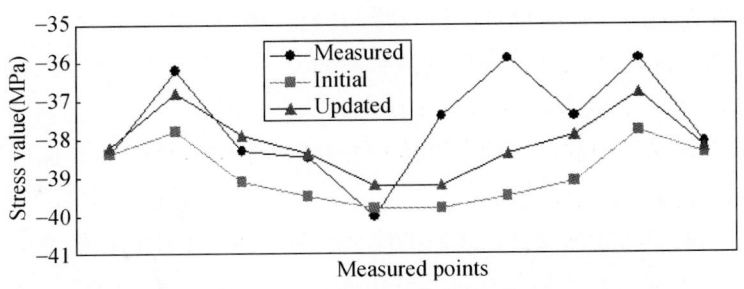

(d) 底板应力分布

图 3.13 主梁 $L/4$ 截面关键部位的应力值(工况 3)

3.6 本章小结

　　一个准确可靠的有限元模型是进行结构健康监测和安全评估等研究工作的前提条件。因此,建立能够准确反应润扬悬索桥受力状况和工作状态的基准有限元模型,是本书后续健康监测和风致抖振研究的一项基础性工作,具有重要的地位和价值。然而通常情况下由于大型土木工程结构的复杂性,其设计中隐含了多种理想化假定以及各种的简化方法,再加上构件制造和结构施工过程中产生的一些误差,使得所建有限元模型与实际结构之间不可避免地会存在一定的误差。因此,要得到结构的有限元基准模型,就必须对该有限元初始模型进行修正和验证。

　　本书基于灵敏度的物理意义以及罚函数的思想,提出了一种结构有限元模型修正的新思路。该法以结构设计参数为待修正参数,以自振特性为目标函数,以静力响应为校核函数。其中设计参数的上下限根据测试所得静力响应值和理论值的对比以及工程经验来确定。基于动静载试验和 SHMS 实测数据,采用该法对润扬悬索桥有限元模型进行了修正与验证,得到了能够较好反映大桥整体动静力性能的有限元基准模型,其主要内容包括:

　　(1) 对现有基于结构特征值灵敏度的设计参数型修正法进行了改进,修正过程中仍以自振特性为目标函数,但为了使得修正后的模型在静力方面也更加接近实测数据,其中设计参数的上下限的确定在参考工程经验的基础上,主要考虑了静力响应实测值和理论值的对比,这便实现了双目标修正问题向单目标的转化。

　　(2) 采用本书提出的模型修正方法对润扬悬索桥进行成功修正之后,采用实测静力响应数据对修正后的模型进行了验证,分析结果表明,在动力特性和静力响应(包括塔顶位移、主梁挠度和应力)两个方面修正后的模型所得计算结果都能更加接近实测结果,证明了本书方法在大跨度悬索桥模型修正中的有效性及其实用性。

　　(3) 考虑到大跨悬索桥结构明显的几何非线性特征以及充分利用现有通用程序,本书基于 ANSYS 软件提供的一阶优化算法进行模型修正,该算法耗时较多,但能够确保修正结果具有较高的精度。因此优化过程中目标函数容许误差的选择必须合理,同时为了避免获得局部最小值,应采用零阶优化算法等对一阶结果进行验证。

　　(4) 可以看出,虽然结构的自振频率以及静力响应计算值在修正后更加接近实测值,但是修正后模型所得计算值与实测值之间仍然存在一定的误差,而且进一步的迭代计算并不能够减小该误差。另外,甚至可能出现修正之后的模型某些方面误差比初始模型更大的情况(可见表 3.2)。因此,对于大跨度悬索桥结构模型修正而言,不能完全寄希望于修正方法的改进,应同时将有限元模拟精细化以及结构模态识别技术的改进和创新作为将来研究工作的重点。

　　作为润扬长江大桥悬索桥的有限元基准模型,该模型为润扬大桥结构健康监测和安全评估等研究工作奠定了基础,并将利用大桥实时监测得到的各种响应信息(如振动响应、位移、应力等),对其进行不断地验证、更新和完善。

第 4 章 基于 SHMS 的大跨度悬索桥桥址区强风特性研究

4.1 引言

风灾是自然灾害的主要灾种之一,由其造成的人员伤亡和经济损失巨大。在浙江温州,由 2006 年第 8 号超强台风"桑美"袭击所造成的灾害至今仍历历在目。因此,研究风对结构的作用具有重要意义。作为现代风工程研究的奠基人,Davenport A G 教授自 20 世纪 60 年代开始开展结构风工程领域的研究工作,将概率方法用于风特性和结构风响应研究[7],奠定了结构风工程研究的基础。70 年代,Scanlan R H 教授建立了桥梁颤振和抖振研究方法的框架[8-9]。此后经过三十多年的努力,结构风工程研究取得了很大进步,解决了一些工程实际问题,推动了科学进步和社会发展。

随着结构体系的复杂程度及结构跨度的不断增加,其对于风的敏感程度也将不断提高,在风荷载作用下的非线性特性也更加突出。加上近年来,风灾在世界范围内都有着愈演愈烈的趋势。因此,为了进一步降低强风暴灾害所造成的损失,许多国家进一步加大了风工程领域研究和开发的经费投入。例如美国国会最近启动了 NWHRP(National Wind Hazards Reduction Program)计划,将有关抗风研究和开发的经费由每年的 500 万美元增加至 2 300 万美元。日本政府自 2003 年开始也增大了风工程研究领域的相关经费投入,已启动 COE(Center of Excellence)研究计划。风工程研究的对象非常广泛,涉及气象学、空气动力学、结构工程学以及防灾减灾工程学等,其中风特性的现场实测是结构抗风研究中非常重要的基础性和长期性的方向,对风工程学科的发展具有重要价值,是风工程领域研究的热点之一。

由于风是大气边界层内空气流动的现象,并且其流动的速度和方向具有随时间和空间随机变化的特征。因此在研究风特性及其对工程结构的作用时,通常把风处理为在一定时距内不随时间变化的平均风速和随时间随机变化的脉动风速两部分。风作用于桥梁结构上时,由于风的压力作用形成对结构的风荷载,同时,风还会引起桥梁的颤振、驰振、抖振、涡激振动以及拉索风雨激振等各种形式的振动。因此,为了弄清风对桥梁的各种作用现象的机理和内在规律,就有必要弄清以空气动力形式作用于结构上的风的特性,特别是对结构设计和受力分析起控制作用的强风特性。这些风特性主要包括平均风特性,如平均风速风向、风速随高度的变化规律等和脉动风特性如紊流强度、紊流积分尺度、功率谱密度函数、空间相关函数等[2]。这些参数受到风速的大小、风向的变化、地貌的不同以及地理位置等因素的影响。

由于空气动力学研究的困难,目前在许多工程结构的抗风研究当中,并没有严格考虑上述风特性的影响。例如,桥梁颤振和涡激振动分析中,都把气流当作均匀流加以处理,而未考虑紊流特性的相关影响。另外,在作为桥梁抗风研究主要手段的风洞试验中,桥梁颤振和涡激共振检验也都以均匀流场下的试验结果作为判断的依据,即使在模拟紊流场的风洞试验中,也很难做到严格地模拟风的紊流特性。然而,自20世纪80年代以来,随着桥梁结构以很快速度向大跨、轻柔方向发展,桥梁抗风研究正朝着精细化方向发展,而研究过程发现,精细化研究的核心问题就是作为桥梁荷载的风特性的精细化,这也就提出了风特性的实测研究问题。

国外台风气候模式的研究自20世纪70年代以来已有不少进展,一些在风工程研究方面开展较早的国家已经建立了部分地区的风特性数据库,但这些数据库主要是针对气象学应用。在国内,虽然气象部门也进行过一些风特性的相关研究,但研究对象主要是针对定常的、较为均匀的下垫面情形,对于台风等剧烈大气及复杂下垫面情形的研究极少[1];一些风工程领域的同行也进行过现场风特性的观测研究[106],主要是同济大学的林志兴教授等从1999年开始的台风及强季节风紊流特性和风速剖面特性研究,以及香港理工大学所作的一些工作,但我国这方面工作的总体水平相对比较薄弱,沿海地区强风特性的实测记录还很缺乏,这方面的研究文献也较少,目前在抗风研究中主要采用基于国外研究成果的风特性参数。由于风特性受地理位置等因素的影响,这些风特性参数能否适用于我国的特定地理位置和环境还有待进一步研究。因此,对沿海地区大气边界层近地强风特性进行深入观测和分析研究工作,对结构风工程的进一步发展具有重要意义。

2005年8月5日开始,"麦莎"台风像不速之客突袭江苏,这次台风被称为"江苏省本世纪最大台风",其影响也是21世纪以来最严重的。台风"麦莎"经过时,润扬悬索桥SHMS中安装的风速风向仪记录了桥址区的该强风样本。本书利用这些风速风向仪采集的数据,对经过该桥址区的"麦莎"台风特性进行了较为细致的分析,得到了平均风速和风向、风速沿高度变化规律、紊流强度紊流功率谱密度函数等强风特性。并将分析结果与现行桥梁抗风规范作了对比,为该桥基于SHMS的抗风安全性评估提供了依据,同时可为其他大型结构,尤其是江苏省其他跨长江大桥的抗风提供参考[106]。

4.2 近地大气边界层风特性分析方法

桥梁、结构物主要受所在地近地风的影响,即大气边界层内空气流动特性的影响,因此抗风研究关心的是近地大气边界层强风对结构的作用。这些强风特性可分为平均风特性和脉动风特性进行分析。平均风特性主要包括如平均风速风向、风速随高度的变化规律即风的剖面特性等。脉动风特性主要包括紊流强度、紊流积分尺度、功率谱密度函数、空间相关函数等[1]。这些风特性参数受到风速的大小、风向的变化、地貌的不同以及地理位置等复杂因素的影响，因此随机性非常强，即使在同一地点不同台风的分析结果也很可能差别较大。

4.2.1 平均风速剖面特性

在大气边界层中，由于下垫面的非均匀性，使近地面层的风速和风向随高度表现出明显的变化。特别是在大风情况下，风的垂直分布特性直接关系到高层建筑和塔桅结构等高耸建筑物的风荷载和风致响应问题，因此是桥梁及建筑结构设计、施工等工程技术人员和科研工作者特别关心的问题，也是抗风设计和风荷载规范制定、修订的重要依据。

传统的近地面层风的垂直分布特性的观测和分析都是利用气象的高空无线电探空探测资料。但是，这种观测及其所得到的资料无论在时间密度或空间密度上都显得十分不足。因此，长期以来缺乏详细、连续、系统、可靠的近地面层风速随高度变化的探测资料，致使人们对近地面层风速随高度的变化规律缺乏准确的认识。但由于通常采样的基本风速是在10 m（标准高度）处的风速，而大跨桥梁等结构通常要位于大于10 m的其他高度，因此在抗风设计时，必须将基本风速换算到其它任意高度以求得结构所在场地的风速廓线。

虽然在大气边界层内，风速由地表向上逐渐增加，这点已经得到了证明。但由于风速廓线具体形状与对应的地表粗糙度密切相关，因此不少研究者在理论推导加经验修正的基础上，提出了多种风速廓线的表达式，其中主要有对数型和指数型两种，但它们都只在离地面一定高度范围内（一般为200 m以内）近似成立。气象学家认为用对数律表示强风风速廓线比较理想，在100 m高度内可以满意地模拟实际风速分布，强风时适用范围可以达到200 m。但指数型计算方便，且计算结果与对数型差别不大，我国《公路桥梁抗风设计规范》（以下简称《规范》）采用指数型，假定大气边界层内风速沿铅直高度的分布服从幂指数律，即

$$\frac{U_2}{U_1} = \left(\frac{Z_2}{Z_1}\right)^\alpha \tag{4-1}$$

式(4-1)中，U_1和U_2分别为高度Z_1和Z_2处的风速(m/s)；α为考虑地表粗糙度影响的无量纲幂指数，《规范》将其划分为从海面到起伏较大的丘陵地等四个类别。式(4-1)显然非常便于SHMS中安装在同一场地不同高度处的风速仪所测数据对其进行验证。

4.2.2 脉动风特性

在结构风工程研究中，通常采用矢量分解法对实测风速数据进行分析处理。在矢量分解法中，通常将大气紊流风速矢量分解为纵向（Longitudinal）水平分量、横向（Lateral）水平

分量和垂直(Vertical)分量，其具体思路是：首先确定一定基本时距内的主风向，然后通过矢量分解将水平脉动风速分解为沿主风向的纵向分量和与其正交的横向分量。设实测三维风速分别为 u_x、u_y 和 u_z，则水平平均风速 U 和风向角 β 可表示为：

$$U = \sqrt{(\bar{u}_x)^2 + (\bar{u}_y)^2} \tag{4-2a}$$

$$\cos\beta = \frac{\bar{u}_x}{U} \tag{4-2b}$$

式(4-2)中，$\bar{u}_x$ 和 $\bar{u}_y$ 分别表示基本时距内风速平均值；β 的变化范围为 $0°\sim360°$，其所在的风向区域(如 NE、SE 等)可通过 u_x 和 u_y 的符号来确定。垂直风向与风速仪坐标 z 轴相同，因此垂直平均风速 W 可表示为

$$W = \bar{u}_z \tag{4-3}$$

式(4-3)中，$\bar{u}_z$ 表示基本时距内垂直风速平均值。

在基本时距内，纵向脉动风速 $u(t)$，横向脉动风速 $v(t)$ 和垂直脉动风速 $w(t)$ 可根据以下公式进行计算，结果作为脉动风速统计分析的数据基础。

$$u(t) = u_x\cos\beta + u_y(t)\sin\beta - U \tag{4-4a}$$

$$v(t) = -u_x(t)\sin\beta + u_y(t)\cos\beta \tag{4-4b}$$

$$w(t) = u_z(t) - W \tag{4-4c}$$

(1) 紊流强度

由于紊流运动极不规则，因此在结构风工程研究中，通常将风场中任一点的瞬时物理量化为平均值与脉动值之和，并给予分别考虑。紊流强度是用来表征紊流中脉动量与平均量比值的量，作为确定结构脉动风荷载的关键参数，它定义为风的脉动分量平均变化幅度(均方差)σ_u，σ_v，σ_w 与平均风速 U 之比，分别用 I_u，I_v，I_w 表示，即：

$$I_i = \frac{\sigma_i}{U} \quad (i = u, v, w) \tag{4-5}$$

(2) 阵风因子

风的脉动强度也可用阵风因子来表示，阵风因子通常定义为阵风持续时间 t_g 内平均风速最大值(结构风工程中一般取阵风持续时间为 3 s)与基本时距内的平均风速之比

$$G_u(t_g) = 1 + \frac{\max[\overline{u(t_g)}]}{U} \tag{4-6a}$$

$$G_v(t_g) = \frac{\max[\overline{v(t_g)}]}{U} \tag{4-6b}$$

$$G_w(t_g) = \frac{\max[\overline{w(t_g)}]}{U} \tag{4-6c}$$

由式(4-6)可知,持续时间 t_g 越大,对应的阵风因子则越小。显然,当 t_g 取为基本时距时,则有 $G_u=1$,$G_v=G_w=0$。

(3) 紊流积分尺度

大气边界层紊流中的每个涡旋可以被视为频率 n 的周期脉动,借鉴波动理论的分析方法,定义涡旋的波长 $\lambda=U/n$,其中 U 为平均风速,那么这个波长就是涡旋大小的尺度。由于结构风荷载对紊流积分尺度特性的敏感性,紊流积分尺度是一项重要但又容易被忽略的风特性指标。

作为气流中紊流涡旋平均尺寸的量度,紊流积分尺度对应于顺风向、横风向和垂直方向脉动速度分量 u、v、w 的涡旋,每个涡旋又有三个方向的尺度,因此一共有 9 个紊流积分尺度,例如 L_u^x、L_u^y 和 L_u^z 分别表示与纵向脉动速度 u 有关的涡旋在 x、y 和 z 三个方向上的平均尺寸。应用平稳随机过程理论,顺风向的紊流积分尺度可定义为:

$$L_u^x = \frac{1}{\sigma_u^2} \int_0^\infty R_{u_1 u_2}(x) \mathrm{d}x \tag{4-7}$$

式(4-7)中,$R_{u_1 u_2}(x)$ 表示 (x_1, y_1, z_1, t) 与 (x_1+x, y_1, z_1, t) 两点间脉动分量 u 的互相关函数,类似地可以定义其余 8 个紊流积分尺度。

根据泰勒(Taylor)假设,若紊流涡旋以平均风速 U 沿顺风向迁移,则脉动风速 $u(x_1, t+\tau)$ 可以定义为 $u(x_1-x, \tau)$,其中 $x=Ut$。此时顺风向的紊流积分尺度 L_u^x 又可以表示为:

$$L_u^x = \frac{U}{\sigma_u^2} \int_0^\infty R_u(\tau) \mathrm{d}\tau \tag{4-8}$$

式(4-8)中,$R_u(\tau)$ 是脉动风速 $u(x_1, t)u(x_1, t+\tau)$ 的自相关函数,$R_u(0)=\sigma_u^2$。

紊流积分尺度的分析结果主要取决于数据记录的长度和平稳度,不同的实测结果相差很大,而且由于紊流结构的差别,即使是针对同一记录数据,采用不同的分析方法,也可能得到不同的结果,因此分析方法的选择对结果的稳定性非常重要。最理想的方法是在空间实现多点同时测量,然后利用空间相关函数直接积分法即式(4-7)求得。然而空间多点同时测量通常很难实现,因此,一般是根据 Taylor 假设将多点测量简化为单点测量,再利用自相关函数积分法即式(4-8)求得。此外,紊流积分尺度还可以利用稳态随机信号自拟合法或功率谱密度函数法等计算得到[1]。

(4) 紊流功率谱密度

紊流功率谱密度函数 $S_i(n)$ ($i=u, v, w$;n 为频率)是脉动风速时程的主要数字特征,$S_i(n)$ 在频域上的全积分等于脉动对应方向上的紊流动能,即 $\int_0^\infty S_i(n)\mathrm{d}n = \sigma_i^2$,因此它能够准确反映出脉动风中各频率成分所作贡献的大小。

通常得到脉动风速功率谱密度函数的方法是在对大量实测风速记录进行统计分析的基础上进行函数拟合。Davenport 曾根据世界上不同地点、不同高度处测得的 90 多次强风记录拟合得到水平脉动风速谱,后来很多学者在此基础上进行了改进,目前我国桥梁抗风规范采用的是1972年Kaimal提出的表达式,其高度Z处平均风速为U的顺风向脉动风功率谱密度函数为:

$$\frac{nS_u(n)}{(u^*)^2} = \frac{200f}{(1+50f)^{5/3}} \tag{4-9}$$

式(4-9)中,$S_u(n)$为顺风向功率谱密度函数,n为脉动频率,$f = nZ/U$为莫宁坐标,Z为离地面高度,u^*为气流摩阻速度,可表达为:

$$u^* = \frac{kU}{\left(\ln\frac{Z}{Z_0}\right)} \tag{4-10}$$

式(4-10)中,k是冯卡门系数,取为0.4;Z_0为地面粗糙长度,是地表面涡旋尺寸的量度,其实测值离散性很大,为了便于工程应用,一般根据地面类型由经验确定其取值范围。

4.3 风特性实测研究平台简介

为了确保大跨桥梁的安全性和耐久性,为大跨桥梁的正常运营和维护提供可靠、先进的技术手段,大跨桥梁结构的健康状况日益受到重视。考虑到大型桥梁结构抗风的极其重要性,在已发展起来的SHMS中大都安装了数量不等的风速风向仪以及振动监测传感器,这些传感器实时记录了每一时刻桥址区的温度、风速、风向及其对应的结构响应,为桥梁所在地区的风特性以及抖振响应实测案例研究提供了良好的研究背景。因此,如何利用好这些实测风特性数据,以得到适用于我国各相应地区的风特性参数,对桥梁风工程研究具有重要价值。

4.3.1 润扬悬索桥风环境监测子系统

润扬长江公路大桥连接镇江、扬州两市,根据江苏省气象科学研究所提供的《镇江扬州长江公路大桥初步设计专题研究汇报材料》,该桥址区"地处亚热带的北部地区,具有明显的亚热带季风气候特点,冬季受大陆吹来的寒冷而干燥的偏北风影响,微含少雨,夏季受来自海洋的温暖湿润的偏南风控制,高温多雨,春秋两季为季风转换季节。天气气候复杂,灾害性天气频繁,主要灾害性天气包括旱涝、寒潮、冰雹、台风、春秋季连阴雨、暴雨、低温冻害、雷暴、飑线等"。

为了能对大桥建设和营运期间的健康状态,尤其是各种灾害影响下的结构健康状态进行预测和评估,本课题组负责建立了润扬长江公路大桥SHMS,其传感器布置如图4.1所示,图中括号内的数字为相应传感器或设备的数量。SHMS中在大桥南塔塔顶和主跨跨中分别安装了风速风向仪,其目的是提供桥址区的风环境实测数据,为大桥的抗风安全性评估提供基本依据。

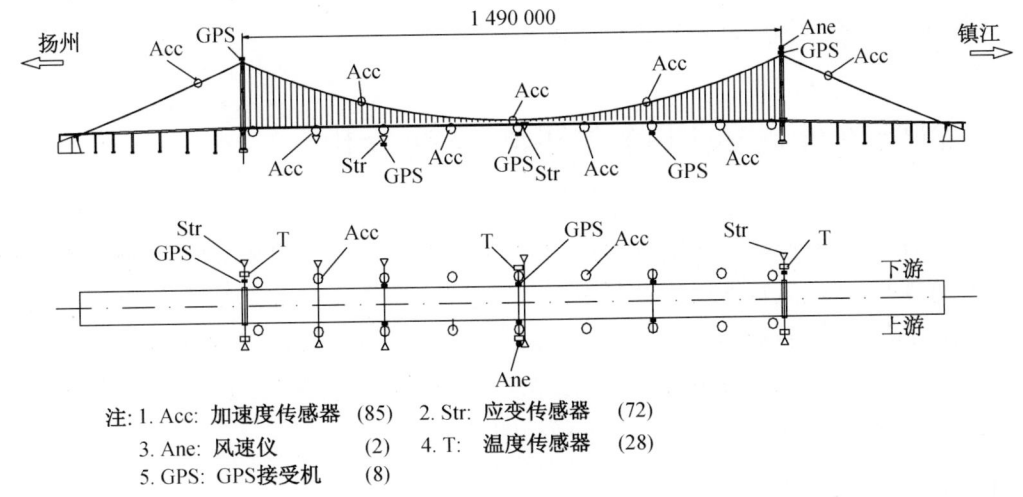

注：1. Acc：加速度传感器 （85）　2. Str：应变传感器 （72）
　　3. Ane：风速仪 （2）　　　　4. T：温度传感器 （28）
　　5. GPS：GPS接受机 （8）

图 4.1　润扬悬索桥 SHMS 传感器布置示意图

4.3.2　风速仪及其布置

进行强风特性测试时，精密可靠的风速风向仪设备必不可少。润扬悬索桥 SHMS 中采用的是由芬兰维萨拉（Vaisala）公司生产的 WA15 风速仪，长期成功的气象应用表明，维萨拉 WA15 风速仪能够适应各种恶劣气候，实现对风速风向的精确测量。整套 WA15 包括 WAA151 风速传感器、WAV151 风向传感器、横杆、电源和电缆选件，如图 4.2 所示。

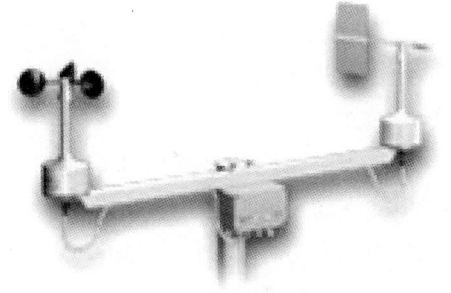

图 4.2　WA15 风测量装置

两个 WA15 风速仪一个固定在南塔塔顶（下游），离地高约为 218.905 m，另一个固定在主跨跨中（上游），离地高约为 69.300 m。风速仪向正北安装，风向角定义正北为 0°，按顺时针旋转，故正东为 90°，以此类推。

SHMS 中的两个风速仪均全天候工作，工作温度为 −50～+55℃，其中将水平方向风速量程设定为 0.4～51.2 m/s（最大可达到 75 m/s），测量精度＜0.1 m/s，采样频率为 1 Hz，从而实现每天不间断的风速风向记录。一年多来的正常使用表明，该风速仪具有很高的工作稳定性和良好的动态跟踪性能，测试数据正确可靠。

此外，为了对润扬悬索桥桥址区的强风特性进行更为全面的测试，以更好地获得其紊流积分尺度、空间相关函数等参数，课题组还专门从英国 Gill 仪器设备公司购置了 1 台采样频率可达到 50 Hz

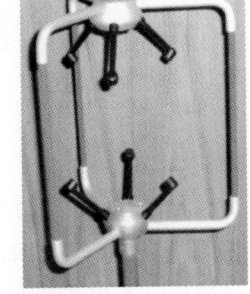

图 4.3　三维超声风速仪

的三维超声风速仪(3-D Sonic Anemometer),如图 4.3 所示。该风速仪可根据具体抗风研究的需要,安装在桥梁的不同部位进行测试。

4.4 润扬桥址区强风特性实测数据分析

结构物所在地的近地风特性是进行结构物抗风设计与检算的基本依据,然而在进行结构设计与检算时,近地风特性很少有实测值,一般均根据经验获得。很显然,润扬悬索桥的 SHMS 为我们深入了解该桥址区的风特性提供了研究平台。因此,有必要对风速仪实测数据进行分析提炼,以掌握桥址区的风环境,尤其是桥梁运营寿命期间可能遭受的极端风环境[2],为该桥的抗风设计和维护提供更为确切的参考。

4.4.1 平均风速和风向

风速脉动通常被假定为一个各态历经过程,故可以用一个样本的时间平均取代对所有样本的平均。本书首先取 10 min 为基本时距,选取的总时段为北京时间 2005 年 8 月 5 号 00:00—8 月 6 号 06:00(实测数据表明,"麦莎"台风通过润扬桥址区时,该时段的风速最大,且比较稳定),总计 30 h,因此共包括 180 个基本时距。为了进行选取不同基本时距时分析结果的对比,同时选取 1 min 为基本时距,选取总时段相同,此时共包括 1 800 个基本时距。

基本时距内的平均风速 U 和平均风向角 β 由式(4-4)进行分析计算。以 10 min 为基本时距的平均风速和平均风向分别如图 4.4 和图 4.5 所示;以 1 min 为基本时距的平均风速和平均风向分别如图 4.6 和图 4.7 所示。图中横坐标表示时间,纵坐标表示平均风速(风向),单位如图所示。

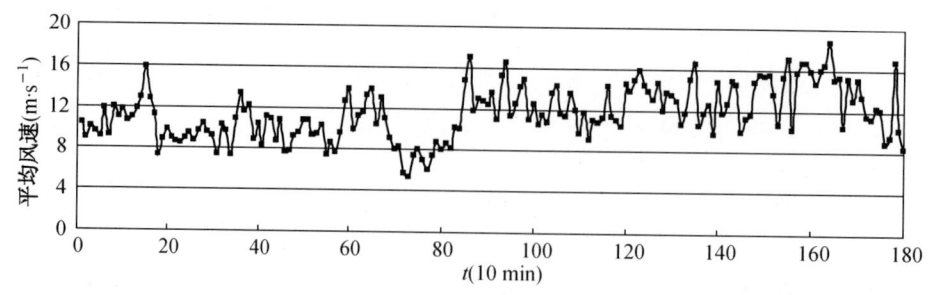

图 4.4 "麦莎"台风 10 min 平均风速

由图 4.4~图 4.7 可知,总体而言,所选时段桥址区"麦莎"台风的平均风速和平均风向变化都较为稳定。总时段内的 10 min 平均风速为 11.58 m/s,其中从 840~1740 min 时间段,总计 15 h 的平均风速变化最为稳定,平均风速也较大,达到 13.21 m/s。最大 10 min 平均风速为 17.86 m/s,最大 1 min 平均风速为 19.96 m/s。平均风向主要为东向风,先从 NE

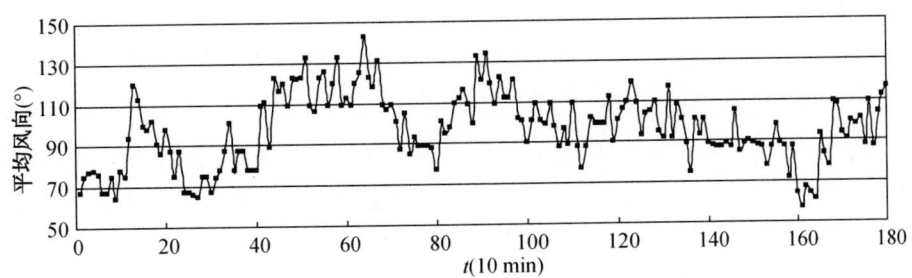

图 4.5 "麦莎"台风 10 min 平均风向

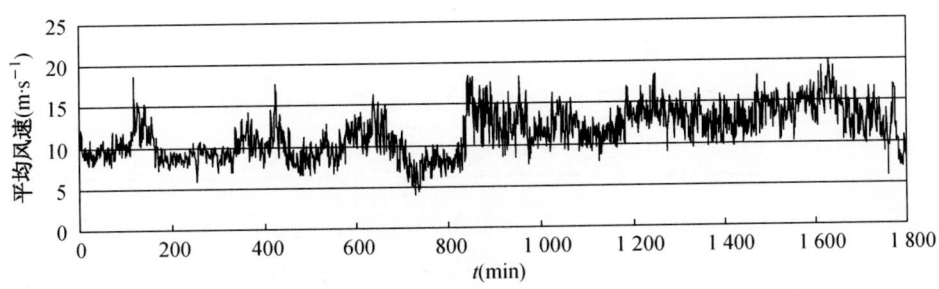

图 4.6 "麦莎"台风 1 min 平均风速

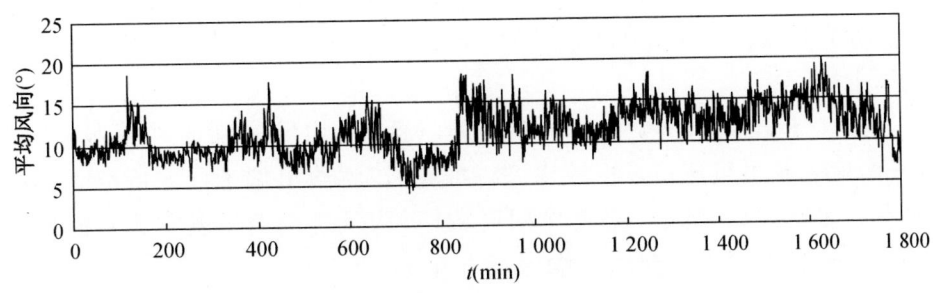

图 4.7 "麦莎"台风 1 min 平均风速

转为 SE,再逐渐转为 NE,最后阶段又有转回至 SE 的趋势。必须指出,润扬桥址区地处远离"麦莎"台风中心的一般影响区,在"麦莎"台风中心和强烈影响区,风速比桥址区实测值要大得多。

另外,采用 10 min 和 1 min 作为基本时距所得分析结果的对比表明,由于数据量庞大,10 min 平均风速风向变化曲线较 1 min 曲线更容易看出台风期间的整体风速变化趋势,1 min 曲线则更易于掌握每个时段风速的具体变化情况。常用的基本时距还包括 3 min,可以断定其分析结果介于 1 min 和 10 min 之间。因此,需要根据分析样本数量的大小(由所选时间段和风速仪的采样频率确定)和分析结果所要达到的具体目标来选定基本时距。

4.4.2 风速随高度的变化规律

平均风速随高度的变化规律是平均风特性研究的主要对象。由于润扬悬索桥 SHMS 中未安装大气风廓线仪,因此不能直接测出同一点的风速廓线。但 SHMS 在不同高度处分别安装了两台风速仪。因此为了研究桥址区"麦莎"台风的平均风速剖面特性,将塔顶和主梁跨中的实测数据分别进行了统计分析,并将二者的分析结果进行了是否服从幂指数律的验证。《规范》中不同地表粗糙度对应的无量纲幂指数 α 值见表 4.1。

表 4.1 不同地表粗糙度对应的 α 值

地表粗糙度类别	地表状况	α
Ⅰ	海面、海岸、开阔水平、沙漠	0.12
Ⅱ	田园、乡村、平坦开阔地及低层建筑物稀少地区	0.16
Ⅲ	树木及低层建筑物等密集地区、中高层建筑物稀少地区、平缓丘陵地区	0.22
Ⅳ	中高层建筑物密集地区、起伏较大的丘陵地	0.30

润扬桥横跨长江,桥址区显然处于开阔水面,附近区域为田园、乡村,其地表粗糙度类别应划为Ⅰ类(往Ⅱ类靠)。所取总时段内,主梁跨中实测平均风速为 11.58 m/s,南塔塔顶实测平均风速为 13.30 m/s,因此根据式(4-1)可求得实测幂指数 α 值为 0.120 6,与表 4.1 中Ⅱ类地表粗糙度对应的 0.12 非常接近,而且采用总时段内的其他子样本分别进行计算时,计算结果也基本都在 0.11~0.13 范围内变化。说明实测"麦莎"台风风速随高度的变化规律能够较好地符合《规范》,并且在刚超过 200 m 高度处,式(4-1)对于润扬悬索桥桥址区仍有很好的适用性。

同时文献[1]指出:在台风中心和强烈影响区,平均风速剖面并不服从幂指数规律,由 10 m 高度处基本风速按 α 指数率进行推算时,将给出偏于保守的结果;在远离台风中心的一般影响区以及强冷空气作用区域,平均风速剖面则基本服从幂指数规律。由于润扬桥址区地处"麦莎"台风影响区而非中心,所以文献[1]的这一结论又得到了进一步的验证。

4.4.3 紊流强度和阵风因子

紊流强度(简称紊流度)反映了风的脉动强度,是确定结构脉动风荷载的关键参数;同时风的脉动强度也可用阵风因子来表示,但由式(4-5)和式(4-6)显然可知二者反映的方法和侧重点不同。为了研究桥址区"麦莎"台风的脉动强度,利用 SHMS 所测得的风速风向值,分别编制程序计算出了台风经过时桥址区的紊流强度值和阵风因子。由于分析结果受基本时距选取的直接影响,计算过程均以 10 min 为基本时距。

所得顺风向和横风向的紊流强度和阵风因子计算结果分别如图 4.8 和图 4.9 所示。图中横坐标表示时间,以 10 min 为单位;纵坐标表示紊流强度(%)或阵风因子。

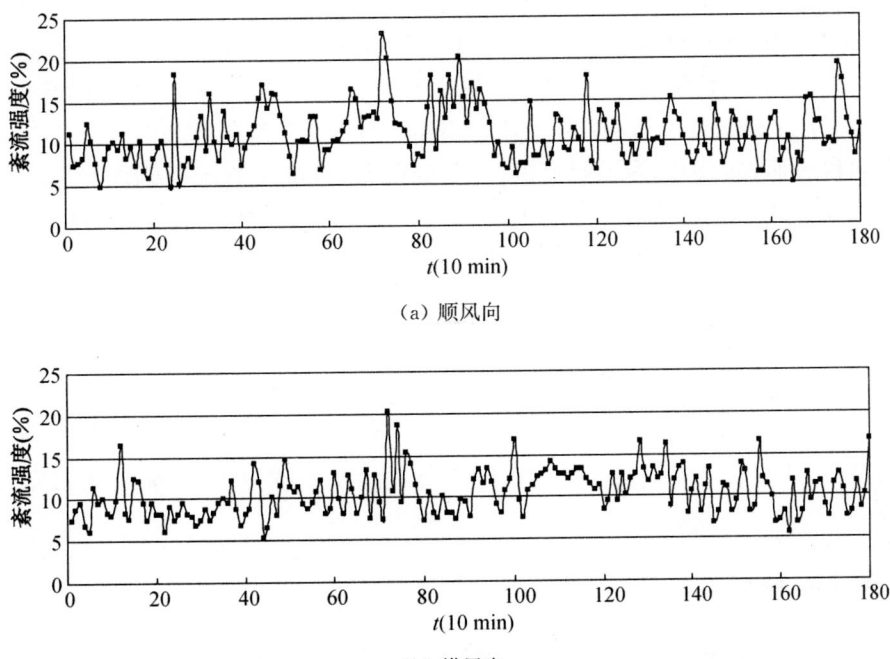

(a) 顺风向

(b) 横风向

图 4.8 实测"麦莎"台风 10 min 紊流强度值

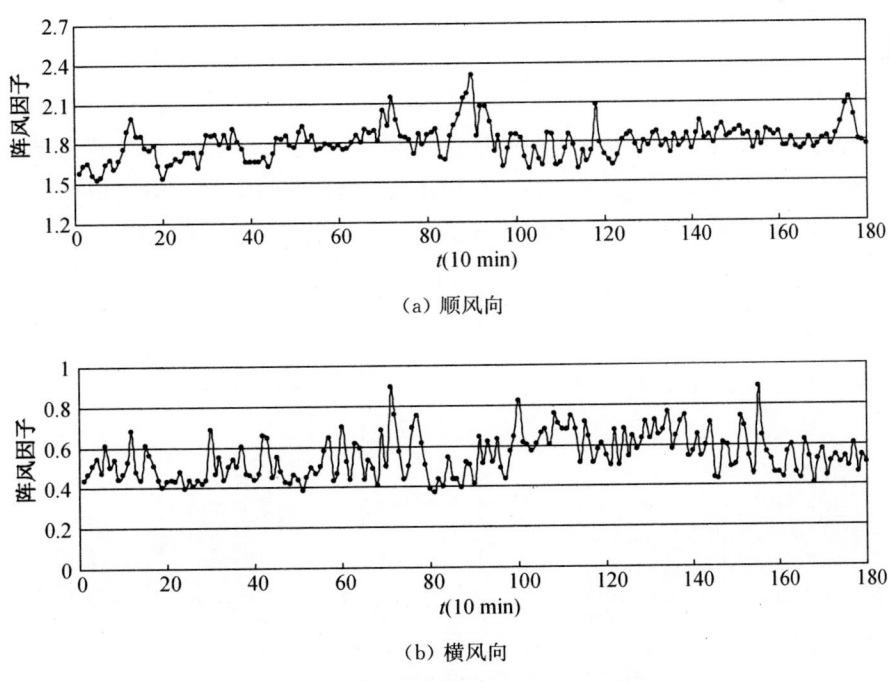

(a) 顺风向

(b) 横风向

图 4.9 实测"麦莎"台风 10 min 阵风因子

由图 4.8 可知,"麦莎"台风的顺风向和横风向紊流强度最大分别达到 23.02% 和 20.22%,总时段内的平均值分别为 10.95% 和 10.44%。规范指出,开阔水面地区离地50～70 m 高处的顺风向紊流强度在 11% 左右,与本书的实测结果 10.95% 非常接近。一般经验均认为 I_u 值较 I_v 值略大,这点在很多文献中也得到体现,实测结果表明麦莎台风在通过润扬悬索桥桥址区时并不完全符合这一规律,虽然无论是就最大值还是平均值而言,I_u 都比 I_v 值要大一些,但也出现很多 I_u 比 I_v 值小的时间段,这直接导致实测 $I_v=0.95I_u$,与《规范》建议的当无实测资料时,取 $I_v=0.88I_u$ 有一定差别。

由图 4.9 可知,"麦莎"台风顺风向阵风因子的最大值为 2.308(林志兴[101]等在上海浦东地区测得"杰拉华"为 2.34,"派比安"为 2.48);平均值为 1.800("杰拉华"为 1.73,"派比安"为 1.90);横风向阵风因子的最大值为 0.896("杰拉华"为 1.04,"派比安"为 0.86);平均值为 0.548("杰拉华"为 0.63,"派比安"为 0.86)。可见,由于脉动强度的差异,每次台风的阵风因子都有较大变化。从总体上看,"麦莎"台风的实测阵风因子居于"杰拉华"和"派比安"台风之间。

4.4.4 紊流积分尺度

大气边界层的紊流积分尺度通常会在较大范围内发生波动,由测得的风速风向值,取 10 min 为基本时距,基于 MATLAB 平台计算了桥址区"麦莎"台风的紊流积分尺度。由于在空间进行多点同步测量难度较大,实际大气边界层的紊流积分尺度常采用单点测量。已有研究表明,对于单点测试结果,采用假设条件较少的自相关函数直接积分的方法进行紊流积分尺度分析比较合适[1]。

基于 Taylor 假设,采用自相关函数积分法即式(4-8)进行实测紊流积分尺度计算,其中积分上限取至相关系数减小到 0.05 时的值,所得"麦莎"台风顺风向和横风向 10 min 紊流积分尺度的概率分布如图 4.10 所示,图中横坐标表示紊流积分尺度,以"m"为单位,顺风向每隔 20 m 为一个计算区间(例如纵坐标 10 表示计算区间为[0,20],纵坐标 30 表示计算区间为[20,40],以此类推),横风向每隔 10 m 为一个计算区间;纵坐标表示对应的概率分布。

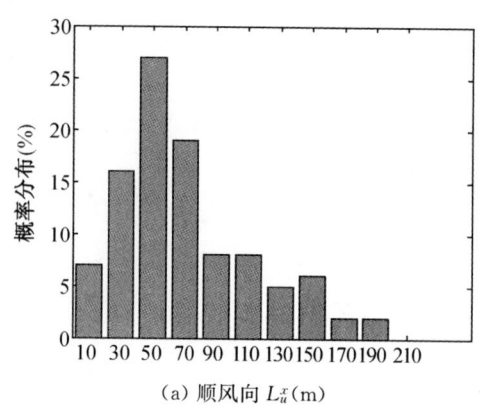
(a) 顺风向 L_u^x(m)

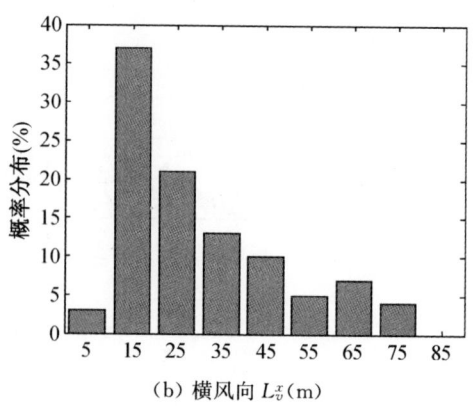
(b) 横风向 L_v^x(m)

图 4.10 实测"麦莎"台风紊流积分尺度

由图 4.10 及计算结果可知,"麦莎"台风顺风向紊流积分尺度 L_u^x 的最大值、平均值、最小值分别为 197.8 m、68.4 m、13.2 m,很显然,顺风向紊流积分尺度 L_u^x 大都分布在 20~80 m 区间内;横风向紊流积分尺度 L_v^x 的最大值、平均值、最小值分别为 78.6 m、35.6 m、8.9 m,横风向紊流积分尺度 L_v^x 主要集中在 10~50 m 区间内。由于 Taylor 假设在大气边界层中是合理的,采用自相关函数直接积分法计算紊流积分尺度方便可靠,这点再次得到了证明。

4.4.5 紊流功率谱密度

为了更加准确地了解"麦莎"台风的紊流风特性,基于实测风速风向数据研究了其紊流功率谱密度,并将所得结果与 Kaimal 谱进行了对比分析。由于实测过程没有获得 u 的测量值,因此本书采用相应脉动风速分量的方差进行能量归一化获得,则有:[197]

$$\sigma_u^2 = 6(u^*)^2 \qquad (4\text{-}11)$$

将式(4-11)代入式(4-9),可得此时 Kaimal 谱的表达式:

$$\frac{nS_u(n)}{\sigma_u^2} = \frac{200f}{6(1+50f)^{5/3}} \qquad (4\text{-}12)$$

实测润扬桥址区顺风向紊流功率谱密度函数与 Kaimal 谱的对比如图 4.11 所示。其中 $(u^*)^2$ 由式(4-11)求得为 $0.837(\text{m/s})^2$,方差求取时以总时段的数据为样本。基于 MATLAB 软件编制了实测脉动风谱分析程序,其中采用了加 Hamming 窗技术以减少由于时域中的信号截断而引起的频域中的信号泄漏,同时为了减少谱值的随机误差而应用了分段平滑技术,将 30 h 长的样本分成 59 段,每个子样本长 1 h,相邻子样本重叠 0.5 h。首先通过 FFT(快速傅立叶变换)技术得到所有子样本的脉动风谱,再求解所有子样本脉动风谱的平均值。

由图 4.11 可见,由于台风本身所固有的随机性,实测"麦莎"台风的紊流功率谱函数与 Kaimal 谱的吻合程度不是太好,实测谱谱值在低频段略偏低,而在高频段又略偏高,表明实测脉动风在水平方向上的紊流动能分布向高频段偏移。

为了进一步研究实测谱与 Kaimal 谱之间的差异程度,便于将实测抖振风谱应用于频域抖振响应分析,利用 Curve Fit 工具箱对实测顺风向脉动风谱进行了非线性最小二乘拟合。为了便于与 Kaimal 谱进行比较,选定拟合的目标函数如下:

$$\frac{nS_u(n)}{(u^*)^2} = \frac{af}{(1+bf^{1/m})^{cm}} \qquad (4\text{-}13)$$

式(4-13)中,气流摩阻速度 u^* 可通过式(4-11)求得;$f = nZ/U$ 为莫宁坐标,Z 为离地面高度,单位为"m";S_u 为顺风向脉动风谱;n 为湍流脉动频率,单位 Hz;常数 $c=5/3$;系数 a、b、m 为待定拟合参数。图 4.12 给出了"麦莎"台风顺风向脉动风谱实测曲线和通过公式 (4-13)拟合得到的功率谱曲线之间的对比,分析过程中对实测数据的处理方法同图 4.11。

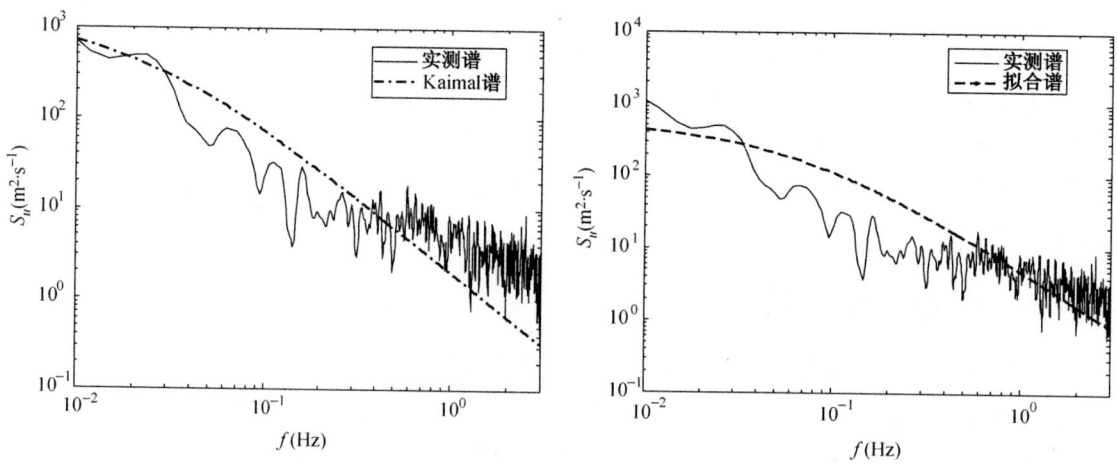

图 4.11 实测"麦莎"紊流功率谱与 Kaimal 谱对比　　图 4.12 实测"麦莎"紊流功率谱与拟合谱对比

按照式(4-13)所得拟合参数为 $a=75.43$；$b=16.79$；$m=0.976$。由图 4.12 可知，拟合谱曲线仍然不能良好的吻合实测谱曲线，显然主要原因是由于式(4-13)所示拟合函数不能够拟合出拐点，而实测谱曲线显然存在两个拐点。

综合图 4.11 和图 4.12 可知，通常采用 Kaimal 谱进行桥梁抖振响应分析所得结果与实际情况是存在一定差异的，要使得一条简单如式(4-9)所示公式就能够反映各类强风的功率谱密度是不太可能的。但是在拟合函数已定的情况下，Kaimal 谱中的各个参数已经能够较好的反映麦莎台风的谱特性，拟合后的谱曲线吻合程度增加有限。

4.5　本章小结

目前国际上常用的几种脉动风速功率谱如 Davenport 谱、Kaimal 谱以及 Karman 谱等在某些重要频段内差别较大，甚至以倍计，因此有必要确定适合结构物所在地的、更为准确的风谱模型，对近地风特性进行现场实测。由于我国有着漫长的海岸线、江河纵横，仅东南沿海就有数千公里长均处于太平洋台风直接侵袭范围，而且近年来台风又有着愈演愈烈的趋势；另一方面，由于目前我国正在完善路网建设，一些大规模的跨海工程也纷纷进入可研或开始施工阶段。因此，进行风特性的现场实测研究，对于正确地指导台风作为控制荷载地区的桥梁与建筑结构的抗风设计，建立符合实际情况的风谱模型，改进和完善现有的风荷载规范，都有着及其重要和紧迫的现实意义。

本章讨论了与桥梁风工程研究密切相关的近地边界层强风的风特性，包括平均风特性和紊流风特性的分析手段与方法。在此基础上，以 2005 年 8 月突袭润扬悬索桥的"麦莎"台风为例，利用该桥 SHMS 实测数据进行了全面的台风影响区强风特性实测案例研究，得到了平均风速、平均风向、风速沿高度变化规律、紊流强度、阵风因子、紊流积分尺度、紊流功率谱密度函数等强风特性，并将其与规范以及其他实测台风特性进行了对比，所得主要结论

如下:

(1)"麦莎"台风期间,润扬悬索桥 SHMS 中的风速仪采集了整个过程的强风数据样本,为基于 SHMS 的桥址区强风特性研究工作奠定了扎实的基础,测试数据内容丰富、结果稳定可靠,证明了润扬悬索桥 SHMS 的稳定性和可靠性,同时也体现了 SHMS 实时采集数据的优越性。

(2)所选时段桥址区"麦莎"台风的平均风速和平均风向变化都较为稳定。总时段内的 10 min 平均风速最大值为 17.86 m/s,平均值为 11.58 m/s;1 min 平均风速最大值为 19.96 m/s。平均风向主要为东向风,先从 NE 转为 SE,再逐渐转为 NE,最后阶段又有转回至 SE 的趋势,为进一步抖振响应分析提供了可靠的实测风荷载。

(3)对实测塔顶和主跨跨中风速实测数据的分析表明,桥址区风速随高度的变化规律能够很好地吻合式(4-1),且对于该桥址区而言,式(4-1)在刚超过 200 m 高度处仍有很好的适用性,为确定桥址区的强风风速廓线提供了参考依据。同时进一步证明:在远离台风中心的一般影响区,平均风速剖面基本服从幂指数规律。

(4)实测"麦莎"台风顺风向脉动风的 10 min 紊流强度 I_u 超过 23%,阵风因子的最大值达到 2.308,横风向紊流强度 I_v 超过 20%,阵风因子的最大值达到 0.896,说明实测强风的脉动强度较大;同时 $I_v=0.95I_u$,表明该桥址区的强风特性与规范建议有一定差别,值得引起注意。同时与"杰拉华"、"派比安"台风实测结果的对比还表明了每次台风紊流强度在一定范围内的随机性。

(5)"麦莎"台风顺风向紊流积分尺度的最大值、平均值、最小值分别为 197.8 m、68.4 m、13.2 m,很显然,大都分布在 20~80 m 区间内;横风向紊流积分尺度的最大值、平均值、最小值分别为 78.6 m、35.6 m、8.9 m,主要集中在 10~50 m 区间内。

(6)实测脉动风的功率谱密度函数在水平方向总体上能够与 Kaimal 谱符合,但低频段偏低,高频段偏高,实测脉动风在水平方向上的紊流动能分布向高频段偏移。由于受实测谱曲线两个拐点的影响,通过非线性最小二乘拟合出的谱曲线仍不能很好地吻合实测谱。

本章分析结果为大桥风致抖振分析提供了依据,同时为确定适合我国东部沿海地区的强风特性及风谱模型提供了参考。但必须指出,本书只是一个台风特性实测案例研究,如何确定适合我国东部沿海地区的强风特性及风谱模型,尚须大量的现场实测和分析积累。而润扬长江大桥、江阴长江大桥、苏通大桥等 SHMS 中的风环境实测数据,为此提供了重要的研究平台。因此,如何利用好这些实测数据,为近地边界层强风特性研究并最终为结构的抗风设计服务,是个长期而基础性的、具有重要意义的研究课题,也是本人进一步的研究工作。

第5章 台风作用下大跨度悬索桥抖振响应实测研究

5.1 引言

紊流风响应在桥梁中被称为抖振,主要是由自然风固有的紊流特性以及风流经钝体结构而产生的特征紊流所致,从而表现为一种随机的强迫振动。显然,对于任何暴露于自然紊流风场中的桥梁,都会不可避免地出现随机抖振现象,而且随着风速的增加,结构抖振响应的幅度也将大幅增加。因此抖振响应是确定桥梁结构动力风载,评定舒适度以及计算疲劳可靠度的重要依据[1]。

对于大跨桥梁,尤其是缆索承重桥梁而言,随着桥跨的不断增加,结构刚度大幅下降,使得风致振动对其安全性的影响尤为重要,1940年美国Tacoma悬索桥发生的颤振风毁事故更是给各国政府和科研机构敲响了警钟。目前,通过对桥梁截面进行优化和提高结构刚度,已经基本可以避免大跨桥梁在设计使用期限内发生风致颤振。但由于跨度及桥宽的不断增加,使得风致抖振问题变得日益突出,当风速较高时,抖振内力和位移响应均将非常显著,有可能会引起桥梁构件的强度或疲劳破坏、汽车行驶不稳定、乘客不舒适等严重后果,其影响不容忽视,大跨度桥梁结构抖振响应分析也因此成为桥梁风工程研究的热点之一[198]。

为了降低大跨度桥梁抖振响应的幅度,结构设计阶段就必须对各种设计方案进行抖振响应分析计算。国内外目前实际工程中所采用的大跨桥梁抖振响应分析方法大都是在以下三大抖振分析理论的基础上发展起来的:①20世纪60年代初由Davenport A G提出的抖振分析理论;②20世纪70年代初由Scanlan R H提出的抖振分析理论;③20世纪70年代末由Lin Y K提出的抖振分析理论。同时为了进行大跨度悬索桥等柔性非线性结构的抖振响应分析,国内外学者又提出了大跨结构颤抖振响应的时域分析方法[94]。目前抖振分析理论正朝着越来越精细化的方向发展,包括考虑多振型效应、非线性的影响,以及主梁、主塔和缆索之间的振动和多振型的全耦合。

尽管现有的颤抖振分析理论已发展成为结构抗风设计的重要手段,但是由于这些抖振理论和方法都是建立在准定常理论和气动片条理论的基础上的,在分析过程中存在着很多的简化和假设,并且采用了很多的经验公式,例如通过引入若干气动导纳函数来考虑脉动风的非定常特性以及沿桥梁构件截面方向的不完全相关性,而实际上气动导纳函数的识别本身都存在着一定的不确定性和难度;通过引入若干基于实际观测数据的相关函数经验公式来考虑风速脉动沿大桥高度和跨度方向的不完全相关性。这些都直接影响到基于现有理论的结构抖振响应分析结果的可靠性,显然大跨度桥梁结构受到的影响因素更多。因此,有必要进行大跨度桥梁抖振响应的实测案例研究,通过对抖振响应的现场实测结果和基于现场同步实测风场参数的抖振分析结果之间的比较,对现有的抖振分析方法本身的可靠性进行验证。

虽然在实桥上进行抖振响应的现场实测研究对于桥梁风工程学科的发展具有重要意义,包括可用于检验现有桥梁抖振响应分析理论、确定桥梁抖振计算中的关键影响因素以及分析大跨桥梁结构的抖振性能及其机理等,这点早已得到证明。但一方面由于对大跨度桥梁进行现场实测是一项庞大而复杂的工作,测试过程需要大量的仪器设备如振动传感器、风速仪等,花费较大;另一方面由于抖振响应现场实测案例研究有其明显的地域特征,必须有可能发生台风的地域才具备基本条件,因此并非任何一座大跨度桥梁都有条件进行实测研究,即使是桥上已经安装了振动测试系统和风特性采集系统等。这也直接使得这方面的研究工作至今还不多,能够查阅的文献也很少[1]。

随着国内外近年来对大跨度桥梁结构健康状况的日益重视,结构健康监测系统(SHMS)已经或即将在一些大跨度或重要桥梁上安装,这些SHMS中大都包含了风环境监测子系统和结构振动响应监测子系统在内,如日本明石海峡大桥、挪威的Skarnsunder斜拉桥、美国的Sunshine Skyway斜拉桥、加拿大的Confederation梁桥、英国的Flintshire斜拉桥、我国的香港青马大桥、上海徐浦大桥、卢浦大桥、南京长江大桥、南京长江二桥、滨州黄河公路大桥、润扬长江公路大桥、江阴长江公路大桥等。这显然为开展大跨度桥梁抖振响应实测案例研究提供了良好的平台,为验证现有桥梁抖振响应分析理论的可靠性提供了很好的机会。

目前,国外已有学者开展了一些这方面的研究工作,主要包Brownjohn J M W等人1991—1992年开展的长期的Humber桥现场实测研究运动[199];Miyata T等人对台风作用下的Akashi-Kaikyo桥进行了风特性和抖振响应的现场实测[200];Macdonald J H G等人基于现场实测数据对斜拉桥的抖振响应进行了预测[201]。我国在该领域的研究更少,主要是香港的Zhu L D和Xu Y L等[39-41]以遭受台风Sam袭击的香港青马大桥为工程背景,对大跨度桥梁抖振响应进行了分析和实测案例研究。显然国内在该方向的研究水平是有待加强的。

为此,本人所在课题组以润扬悬索桥结构健康监测系统(SHMS)为工程背景,充分利用和发挥SHMS的平台优势,从2005年初开始开展大跨度悬索桥抖振响应实测案例研究。本书利用SHMS中风速仪和加速度传感器实时采集的数据,采用时频分析和统计方法等对"麦莎"台风作用下大桥部分关键部位的实测抖振响应特性进行了较为深入的分析,主要研究内容包括桥址区的强风特性分析、主梁和缆索振动响应特性分析、振动与风速的关系等。研究结果为该桥基于SHMS的风致抖振安全性评估奠定了基础,同时可用于验证现有抖振理论分析方法的可靠性,为其他同类型大跨缆索承重桥梁的抗风设计提供参考[198]。

5.2 润扬悬索桥振动监测子系统

桥梁结构的振动问题包括风振问题、地震问题以及车振问题等,长期以来一直是桥梁工程界所面临的主要问题,也是土木工程学科国家重点资助的研究领域[202]。因此,在绝大多数大跨度桥梁的 SHMS 中,结构振动监测模块都是最为重要的子系统之一,振动传感器数量在传感器总数中所占的比例也是最大的。有时为了进行专门的结构振动研究,甚至只安装结构振动监测系统[105]。

为了能对大桥建设和营运期间各关键部位的振动响应情况进行把握和控制,从机理上弄清各种结构振动问题的本质,为大桥的损伤预警和安全性评价提供依据,由图 4.1 可知润扬悬索桥 SHMS 中安装了包含 85 个加速度传感器在内的结构振动监测子系统,其中加速度传感器数量为各类传感器数量之最。下面着重介绍 SHMS 中主梁、缆索和主塔振动监测传感器的布置。

5.2.1 主梁振动监测

对于大跨悬索桥而言,主梁为主要受风构件,且结构的风致振动主要表现为主梁的振动,这些都体现了进行主梁振动监测的重要性。润扬悬索桥 SHMS 中,主梁的振动监测综合考虑了遗传算法优化理论的分析结果以及实现在线模态分析的要求[20],选择了 9 个截面(分别称为 ZLZD1~ZLZD9 截面),共布置了 29 个低频单向加速度传感器,具体布置如图 5.1 所示,图中单位以"cm"计。

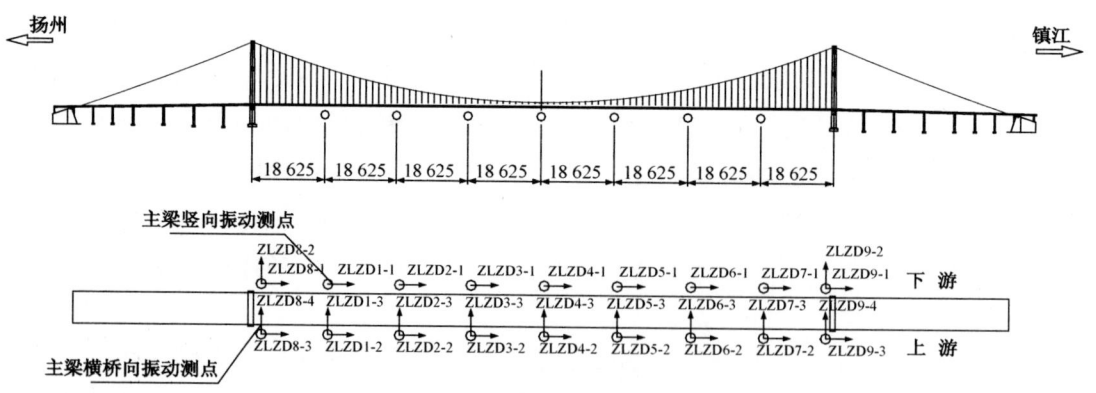

图 5.1 主梁振动监测传感器布置图

5.2.2 缆索振动监测

悬索桥之所以被称之为"悬索桥",其主要原因就是由于柔性的主缆索是悬索桥结构最为主要的承重构件,主缆的重力刚度是其结构整体刚度的主要组成部分。虽然主塔和锚碇也是重要的承重构件,但二者主要的受力均来至主缆的传递。鉴于缆索对悬索桥的结构的整体安全性至关重要,且具有不可更换性,因此缆索系统是大跨度悬索桥 SHMS 中需要给予重点关注的内容,缆索振动监测系统也是振动监测子系统的主要组成部分之一。

为了掌握润扬桥缆索的振动响应特性,尤其是灾害性荷载作用下的振动响应特性,以分析主缆的受力状况和健康状态,SHMS 中采用了 12 个低频单向加速度传感器分别安装在两个主缆截面(LZD2 和 LZD3 截面)和两个边缆截面(LZD1 和 LZD4 截面),以对其竖向和横桥向振动进行实时监测,缆索上加速度传感器的具体布置如图 5.2 所示,图中单位以"cm"计。

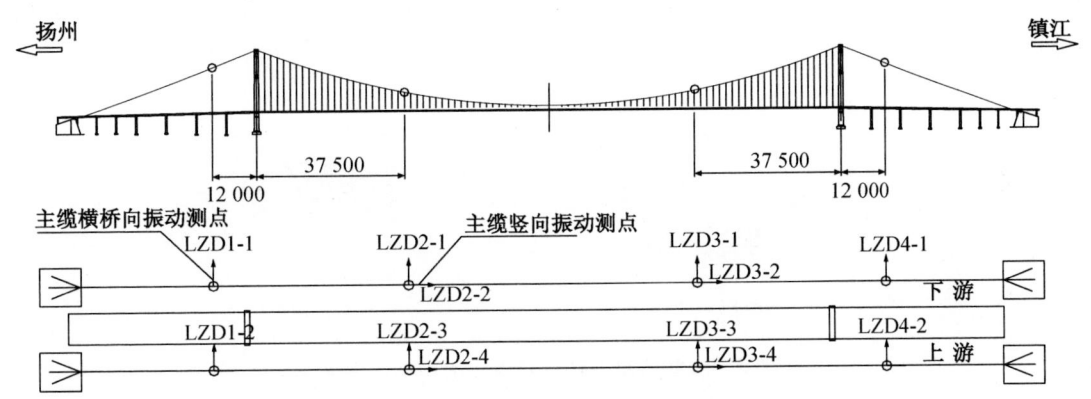

图 5.2 缆索振动监测传感器布置图

5.2.3 主塔振动监测

主塔结构也是悬索桥最为关键的受力构件之一,而且是结构抗震验算中最为关键的部位,因此课题组在安装健康监测系统时也给予了主塔特别的关注。因此在该桥桥塔建成后尚未挂缆前的 2002 年 10 月份,本课题组即对其进行了专门的动力特性测试[191],以便从施工阶段开始把握结构的真实状态,建立可靠的指纹数据库,同时修正主塔结构的有限元模型。

为了对润扬悬索桥桥塔的振动情况进行监测,根据桥塔的自振特性及动力响应分析结果,确定了传感器的优化布置[203]。润扬悬索桥 SHMS 中每个索塔在上横梁和中横梁均布置 6 个加速度传感器,故南北塔共布置了 12 个。由于南北塔的结构基本对称,南、北塔中加速度传感器的布置完全相同,故图 5.3 中仅将北塔示出。图中单位以"cm"计,箭头

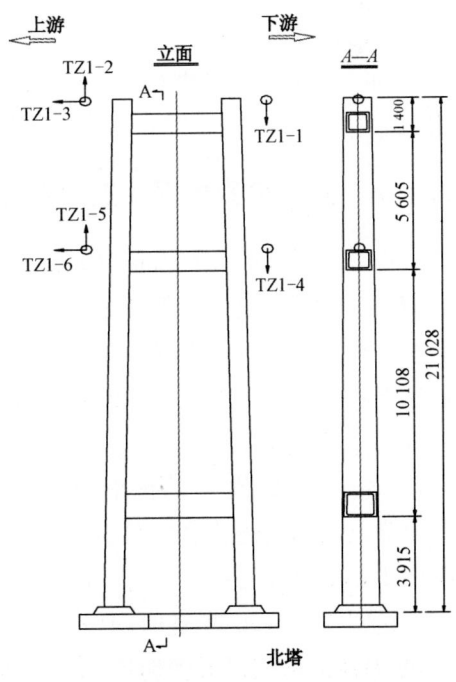

图 5.3 北塔振动监测传感器布置图

"←"表示横桥向振动监测、"↑"表示顺桥向振动监测。

5.3 润扬悬索桥抖振实测分析

润扬悬索桥SHMS中采用了瑞士奇石乐(Kistler)公司的振动传感器,考虑到不同部位的测试精度测试范围的需要以及不同部位测试目标的差别,分别采用型号为8310和8330的两种传感器,分别如图5.4所示,图中单位为"mm"。传感器工作温度为−40~+85℃,采样频率为20 Hz,其他相关资料可在公司网站查询。安装前对每个传感器进行了标定。

(a) 8310型　　　　　　(b) 8330型

图5.4　润扬悬索桥SHMS中的振动传感器

"麦莎"台风期间,振动传感器记录了润扬悬索桥以上关键截面的加速度响应。考虑到夜间大桥受温度、车辆等荷载影响较小,记录时间段选为2005年8月6号23:22—8月7号00:22,总计1 h,72 000个数据。数据对比分析结果表明,该小时的平均风速较大,且较稳定。同时考虑到主梁和主缆是悬索桥结构的主要受风构件(以主梁为主),而主塔结构的刚度较大,本章主要对主梁和主缆的抖振加速度响应进行分析。

5.3.1 主梁实测抖振加速度响应分析

由于车辆荷载和行人都是直接作用在主梁上,故主梁抖振加速度响应特性包括幅值和频谱特性等是评定大跨度悬索桥舒适度的主要依据,同时为确定桥梁结构的动力风载、计算钢箱梁疲劳可靠度等提供了重要依据。本书主要以主梁跨中截面(即ZLZD4截面)的实测加速度响应为例进行说明,如图5.5所示。其中横桥向加速度响应由布置在该截面的横桥向加速度传感器(ZLZD4-3)直接测得,竖向加速度响应取为该截面上两竖向加速度传感器(ZLZD4-1和ZLZD4-2)测值的平均值,扭转加速度响应则由两个实测竖向加速度响应的差值除以两竖向传感器的间距30.4 m。为了便于分析比较,实测扭转加速度响应均乘以间距的1/2,即15.2 m。

由图5.5可知,所选时间段"麦莎"台风作用下,润扬悬索桥主梁的振动响应总体上比较平稳,其中竖向振动和扭转振动又比侧向振动更为平稳。就振动的幅值而言,主梁的竖向加速度显然要比侧向加速度大得多,都不在一个数量级上,其中最大竖向加速度达到

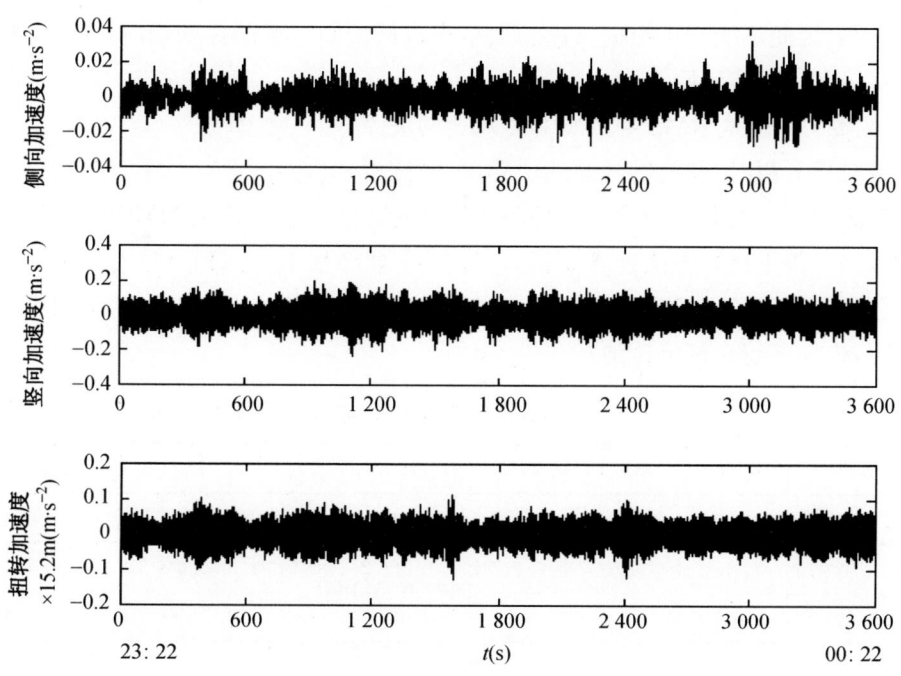

图 5.5　主梁跨中实测侧向、竖向和扭转加速度响应

0.2219 m/s^2。实测数据同时还表明，ZLZD4 截面的 3 个传感器工作状态良好、监测数据可靠，为进一步分析打下了基础。

为了分析主梁实测加速度与风速之间的关系，计算了"麦莎"台风在所选时段内的 1 min 平均风速，如图 5.6 所示。

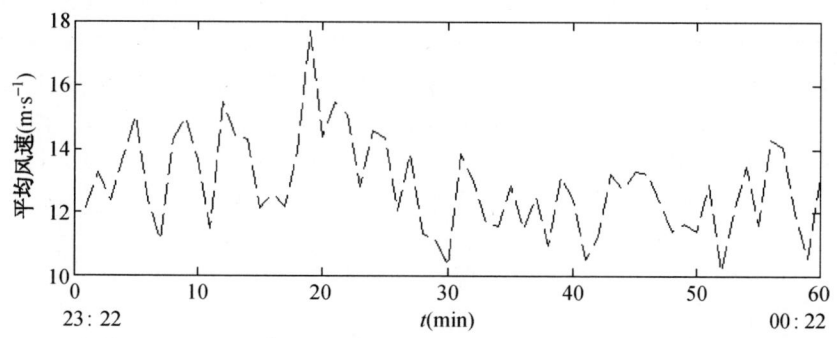

图 5.6　"麦莎"台风 1 min 平均风速(8 月 6 日 23:22—8 月 7 日 00:22)

由图 5.5 和图 5.6 的对比分析可知，主梁加速度幅值与风速大小之间有着非常明显的关联。例如在所选时段的第 18 分钟 1 min 平均风速值最大，达到 17.67 m/s，此时对应的加速度值(无论是侧向还是竖向)也特别大，但不是最大；在第 50 分钟之前的一小段时间内风速较稳定、风速值较低，此时对应的加速度响应值也较小。但加速度幅值与风速大小之间显然不完全相关,例如第 30 分钟之前的一小段时间内风速值较低,但该段时间内的侧向加速度幅值并不小,因此不能直接根据风速的大小来直接推断主梁的振动响应,这点在以下分析过程中还将得到进一步证明。

1) 主梁实测加速度 RMS 响应及其与风速的关系

在桥梁抖振分析时,其关键截面的位移(或加速度)均方根(RMS)响应分析是最为常用的分析方法之一。所选时段内,润扬悬索桥主梁测试截面的加速度 RMS 响应值均由上述加速度时域信号根据统计方法计算而得,计算程序全部基于 MATLAB 平台编制。所选时段"麦莎"台风作用下的主梁实测加速度 RMS 响应值见表 5.1。表中"—"表明由于传感器自身等原因,未能获得合理测试值。

表 5.1　主梁实测加速度 RMS 响应(m/s^2)

主梁截面	ZLZD8	ZLZD1	ZLZD2	ZLZD3	ZLZD4	ZLZD5	ZLZD6	ZLZD7	ZLZD9
侧向	0.002 0	0.009 9	—	0.012 0	0.012 1	0.011 9	0.009 7	—	0.002 7
竖向	0.027 1	0.048 1	—	0.047 4	0.050 2	0.049 4	0.046 3	0.045 4	0.024 2
扭转	0.011 4	0.026 7	—	—	0.026 2	—	—	0.025 0	0.011 1

由表 5.1 可见,主梁侧向和竖向加速度 RMS 响应的最大值均出现在 ZLZD4 即跨中截面,最大值分别为 0.012 1 和 0.050 2,往南北两岸均呈现出递减的趋势,但从 3/8 到 5/8 跨的变化非常小,在 2% 以内;从 1/8 到 3/8 跨以及 5/8 到 7/8 跨的变化也不是太大,均在 20% 以内;但梁端靠近支座部位的加速度 RMS 响应值急剧下降,这显然与支座对主梁的约束作用有关。扭转加速度 RMS 响应则从 1/8～7/8 跨均变化很小,变化值在 8% 以内;但在两梁端截面,扭转加速度 RMS 响应均大幅度下降。

为了进一步分析主梁实测加速度与风速之间的关系,计算了主梁跨中(ZLZD4)截面实测加速度的 1 min RMS 响应,其中为了进行对比分析和相互验证,将该截面两个竖向传感器的加速度分别进行了计算。"麦莎"台风作用下实测主梁跨中截面的侧向、竖向以及扭转加速度 1 min RMS 响应随 1 min 平均风速大小变化的情况如图 5.7 所示。

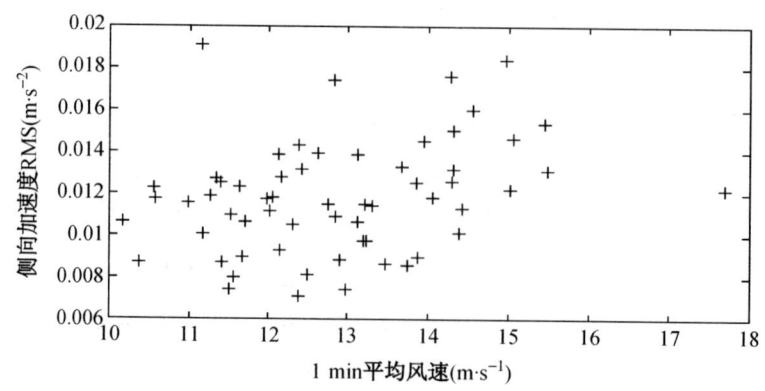

(a) 侧向加速度 RMS 响应 vs. 1 min 平均风速

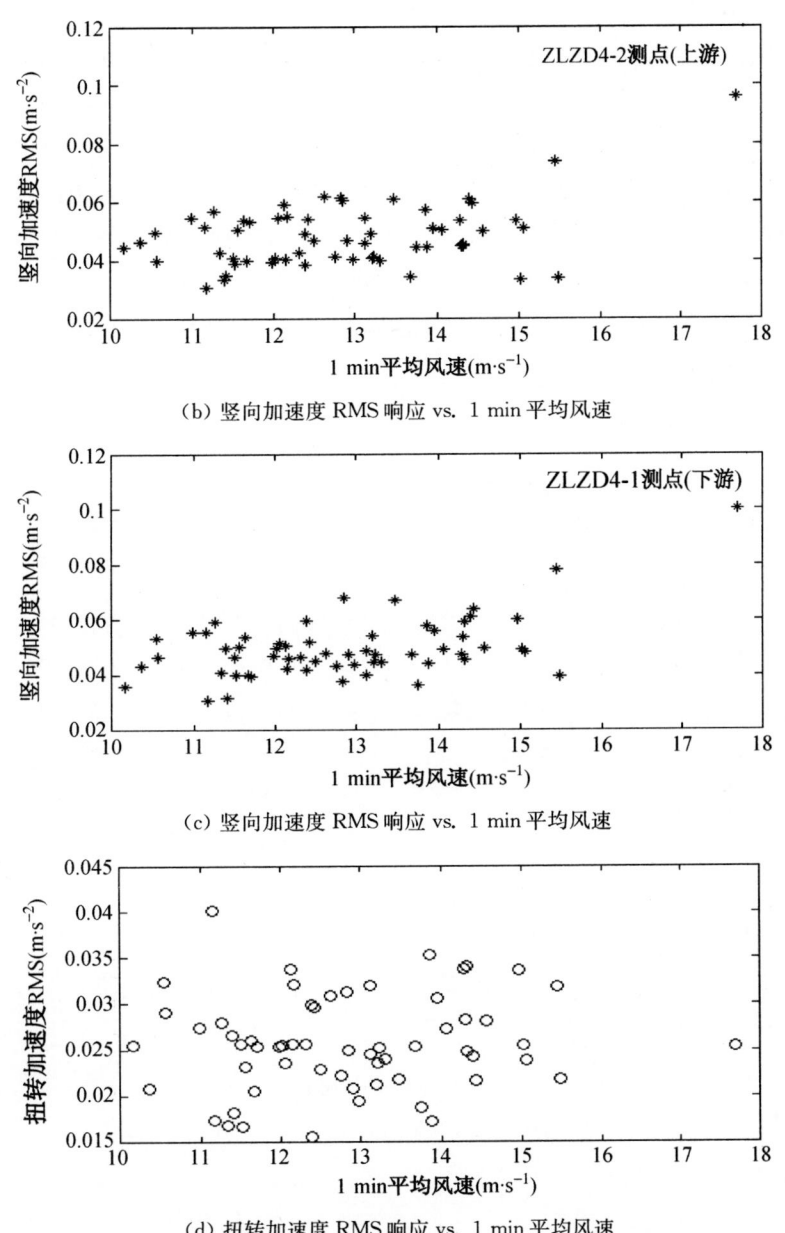

(b) 竖向加速度 RMS 响应 vs. 1 min 平均风速

(c) 竖向加速度 RMS 响应 vs. 1 min 平均风速

(d) 扭转加速度 RMS 响应 vs. 1 min 平均风速

图 5.7 主梁跨中(ZLZD4)截面加速度 RMS 响应与平均风速的关系

图 5.7 表明,随着风速的增大,主梁侧向、竖向以及扭转加速度 RMS 响应总体上均有增大的趋势,但由于受风向等随机因素的影响,二者之间的关系又表现出一定的随机性。上游(迎风侧)和下游竖向加速度 RMS 响应值非常接近,二者与风速的关系体现出很强的相似性,所以将其平均值用于进行分析是可以接受的。为了进一步证明以上结论,同时选择了主梁 1/8(ZLZD1)测试截面的加速度响应进行分析和验证。"麦莎"台风作用下实测主梁 1/8 截面的侧向、竖向以及扭转加速度 1 min RMS 响应随 1 min 平均风速大小变化的情况

如图 5.8 所示。

主梁 1/8 截面实测结果同样表明了主梁振动与平均风速之间的关系,既有明确的相关性,又表现出一定程度的随机性;该截面上、下游竖向加速度响应同样体现出很强的相似性,因此两竖向振动传感器的可靠性得到了相互验证,为进一步的抖振分析工作奠定了基础。但是由于所采用的平均风速是在跨中测得的,与 1/8 截面存在一定的距离(558.75 m),因此存在一个风速的空间相关性问题。由于在分析中忽略了这一相关性,这也就使得与跨中截面相比,1/8 截面加速度响应与平均风速之间的相关性略有所减弱。

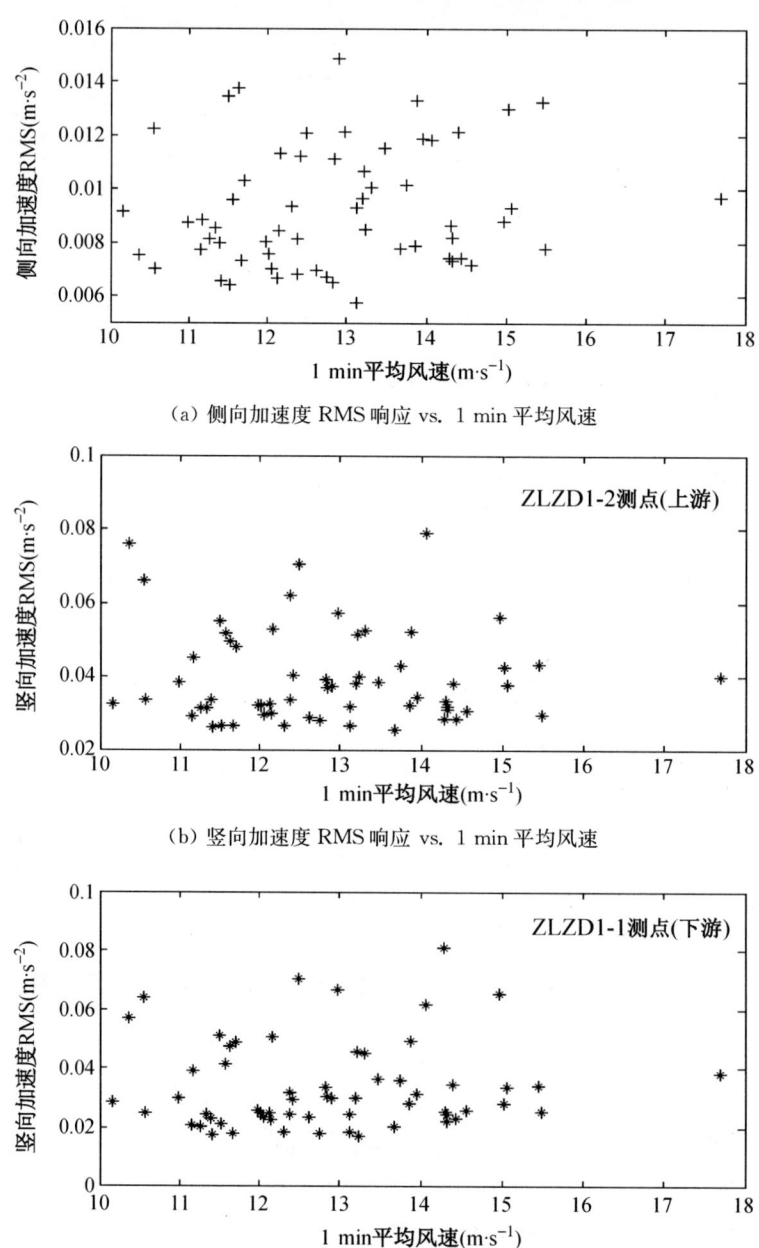

(a) 侧向加速度 RMS 响应 vs. 1 min 平均风速

(b) 竖向加速度 RMS 响应 vs. 1 min 平均风速

(c) 竖向加速度 RMS 响应 vs. 1 min 平均风速

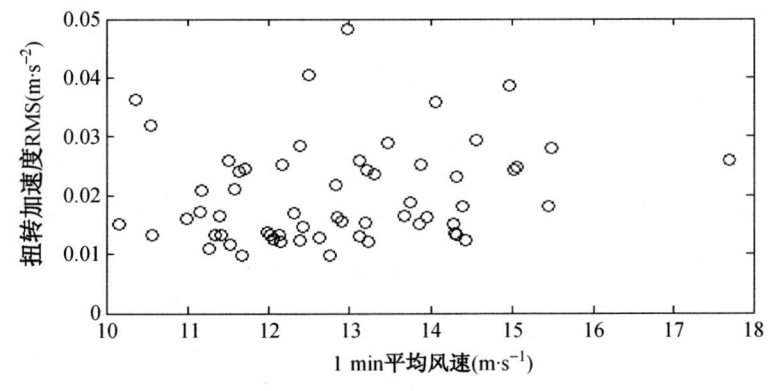

(d) 扭转加速度 RMS 响应 vs. 1 min 平均风速

图 5.8　主梁 1/8(ZLZD1)截面加速度 RMS 响应与平均风速的关系

2) 主梁实测加速度响应频谱分析

基于 MATLAB 平台编制了分析程序,对所选时段主梁跨中截面实测侧向、竖向(分上、下游)、扭转加速度进行了 FFT 频谱分析。考虑到润扬悬索桥的基频为 0.049 Hz 左右,为了在下一章获得一个合理的理论分析与实测结果的对比。分析中采用了加 Hamming 窗技术以减少由于时域中的信号截断而引起的频域中的信号泄漏,同时采用了分段平滑技术以减少谱值的随机误差,将 1 h 的样本(采样频率为 20 Hz,因此共计 72 000 个数据)分成 19 段,每段子样本长 6 min(7 200 个数据),相邻子样本重叠 3 min(3 600 个数据)。首先通过快速 FFT 变换得到所有子样本的加速度响应谱,然后求出所有子样本加速度响应谱的平均值。

通过对"麦莎"台风作用下润扬悬索桥主梁跨中截面的实测加速度响应进行功率谱密度分析,得到其侧向、竖向以及扭转加速度谱,如图 5.9 所示。根据上述功率谱密度分析结果,为了便于进一步分析,将图中所有加速度谱值均采用了对数坐标,横坐标仍采用线性坐标。同样方法可对其他截面实测加速度响应进行谱分析。

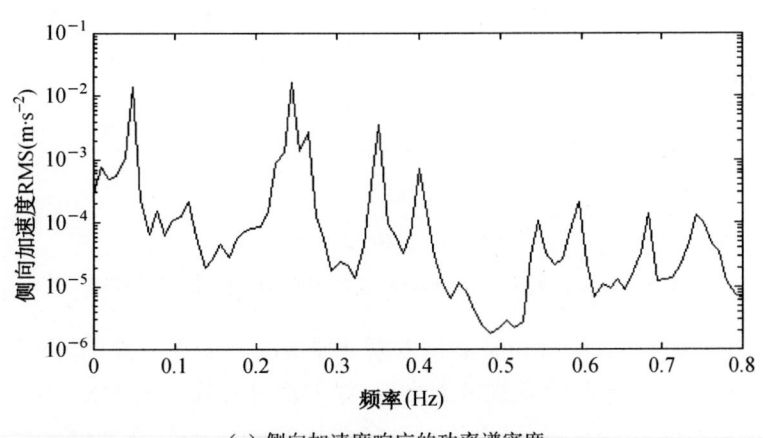

(a) 侧向加速度响应的功率谱密度

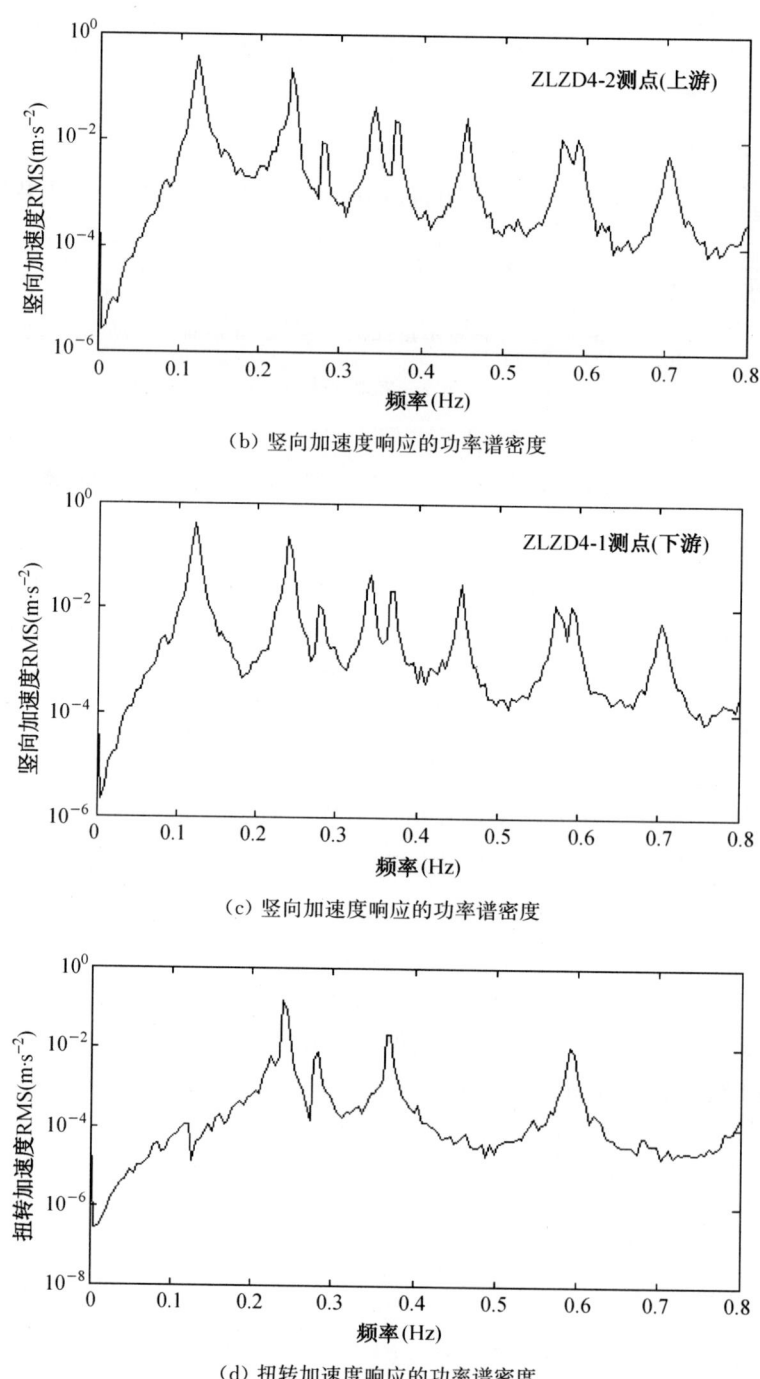

(b) 竖向加速度响应的功率谱密度

(c) 竖向加速度响应的功率谱密度

(d) 扭转加速度响应的功率谱密度

图 5.9 主梁跨中(ZLZD4)截面加速度响应的功率谱密度

可以看出,由于采用了 Hamming 窗技术以及样本的分段平滑技术,图 5.9 所得主梁跨中截面加速度响应的功率谱密度曲线较为光滑,能够良好反应该桥的振动特性,从图中可以很明显地识别出该桥的振动频率,这也是对主梁加速度响应进行功率谱密度分析的目的之一。将以上频谱分析所得大桥固有动力特性与第2章有限元计算结果进行了对比[166],表5.2列出了润扬悬索桥主梁侧弯、竖弯和扭转振动一阶频率的理论与实测对比结果。表5.2所示动力特性对比分析结果表明,利用"麦莎"台风期间润扬悬索桥的实测加速度响应数据,基于常用的峰值法识别出的该桥模态参数总体上与有限元计算结果均吻合良好,其中扭转振型的误差相对较大。进一步的分析表明,包括前40阶模态在内的实测结果与有限元计算结果均吻合良好,再一次证明了有限元计算模型的准确性和可靠性,为下一步润扬悬索桥抖振响应理论与实测结果的对比研究奠定了扎实的基础。

表 5.2 润扬悬索桥计算及实测动力特性

振型	一阶对称侧弯	一阶对称竖弯	一阶对称扭转	一阶反对称扭转
实测值	0.048 83	0.122 07	0.239 26	0.283 20
计算值	0.049 41	0.123 76	0.223 73	0.269 38
误差(%)	1.19	1.38	−6.49	−4.89

5.3.2 缆索实测抖振加速度响应分析

1) 缆索实测加速度 RMS 响应及其与风速的关系

与对主梁所进行的分析相似,对"麦莎"台风作用下润扬悬索桥缆索的实测侧向、竖向加速度信号也进行了 RMS 响应及其与风速的关系分析。不同之处在于为了进行比较,缆索上的所有测试截面均未对上下游测试结果进行平均,而且未对缆索的扭转振动进行研究。所选时段"麦莎"台风作用下润扬悬索桥的缆索各测点实测加速度 RMS 响应见表5.3。

表 5.3 缆索实测加速度 RMS 响应(m/s^2)

缆索测点	LZD1-1	LZD1-2	LZD2-	LZD3-1	LZD3-2	LZD3-3	LZD3-4	LZD4-1	LZD4-2
侧向	0.014 7	0.015 3	—	0.019 2		0.019 3		0.015 8	0.016 7
竖向			—		0.050 6		0.051 0		

由表5.3可见,无论是竖向还是侧向,上游缆索加速度 RMS 响应均明显要稍大于下游,这点与主梁上下游竖向振动测试结果是有差别的,因为主梁是一个整体,而两侧的缆索则是分离的。分析结果还表明:

(1) 无论侧向还是竖向,悬索桥迎风侧缆索的振动响应显然比背风侧要更大一些,例如 LZD1-2 大于 LZD1-1 测点;LZD3-3 大于 LZD3-1 测点;LZD3-4 大于 LZD3-2 以及 LZD4-2大于 LZD4-1。

(2) 同一截面上下游振动响应之间的差值均不大,主缆上下游之间的差值甚至在1%以内,边缆相对要大一些,但最大也仅为 5.39%,出现在 LZD4 截面。这主要是由于边缆未设与主梁之间联系的吊杆,使其相对主缆所受约束条件较少,振动过程更为自由所致。

(3) 主缆的竖向加速度要比侧向加速度大,这点与主梁的振动响应相似。

(4) 主缆的侧向振动响应显然要比两岸边缆的更大一些。

为了进一步分析缆索实测加速度与风速之间的关系,计算了缆索各测试截面加速度的

1 min RMS 响应,由于分析表明上下游缆索的振动特性很相近,故此处仅对相对较大的上游各测点实测值进行了分析。所选时段"麦莎"台风作用下润扬悬索桥缆索各截面(除 LZD2 之外,下同)实测加速度 1 min RMS 响应随 1 min 平均风速大小变化的情况如图 5.10 所示。

图 5.10 表明,随着风速的增大,两岸边缆横向加速度 RMS 响应总体上均有增大的趋势,这点表现得比较明显,而该时段内主缆振动与风速的相关性相对差一些。这也是由于边缆未设吊杆,其振动过程更为自由所致,而主缆的振动显然受到主梁振动的影响较大。由图 5.10(a)和(d)的对比可知,两岸边缆的侧向振动响应存在着一定的差别,由于结构的对称性,表明同一时刻作用在两边缆风的特性也存在着一定的差别。

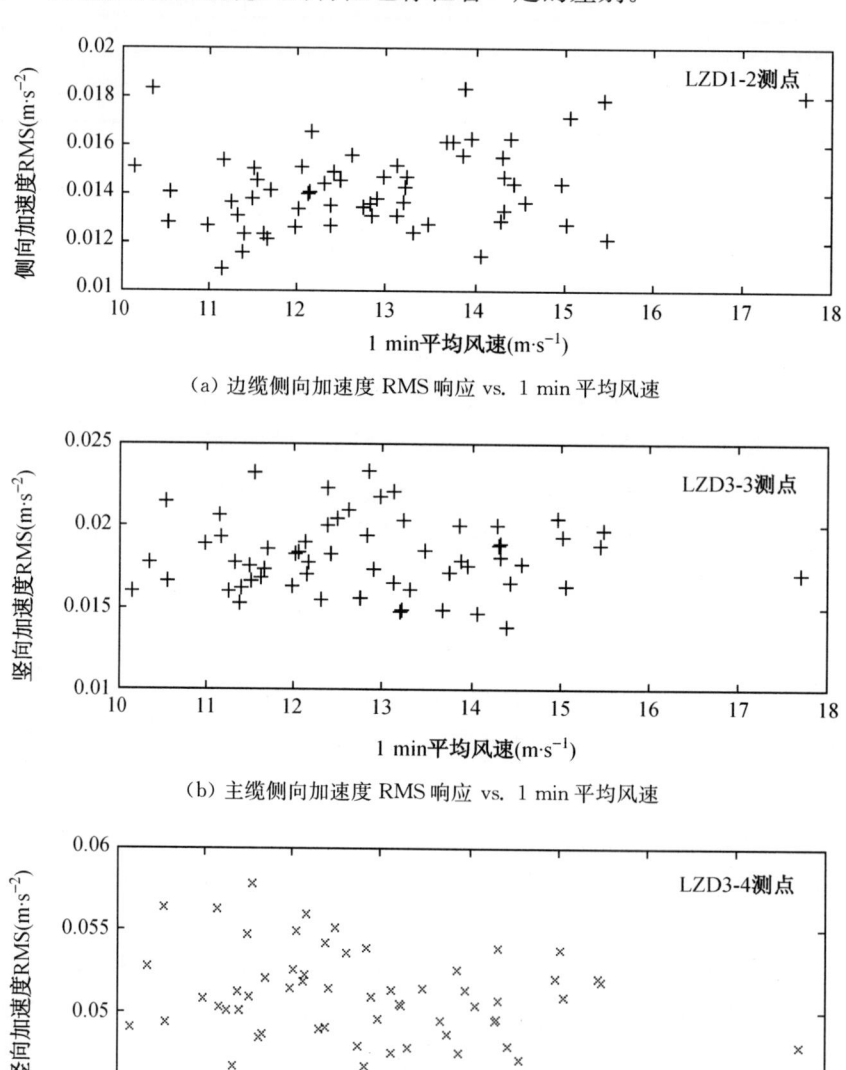

(a) 边缆侧向加速度 RMS 响应 vs. 1 min 平均风速

(b) 主缆侧向加速度 RMS 响应 vs. 1 min 平均风速

(c) 主缆竖向加速度 RMS 响应 vs. 1 min 平均风速

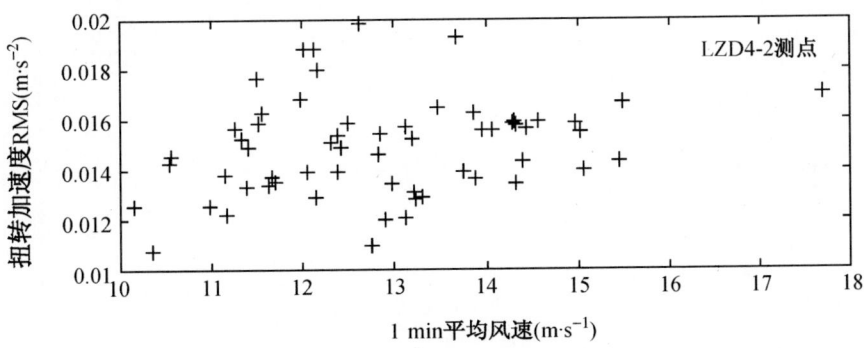

(d) 边缆侧向加速度 RMS 响应 vs. 1 min 平均风速

图 5.10　缆索加速度 RMS 响应与平均风速的关系

2) 缆索实测加速度响应频谱分析

与对主梁振动响应实测数据的分析方法相似，对所选时段润扬悬索桥缆索各测试截面的侧向、竖向加速度也进行了 FFT 频谱分析，数据处理的方法同主梁，并将同一截面上、下游分析结果进行了对比，分析结果如图 5.11 所示。

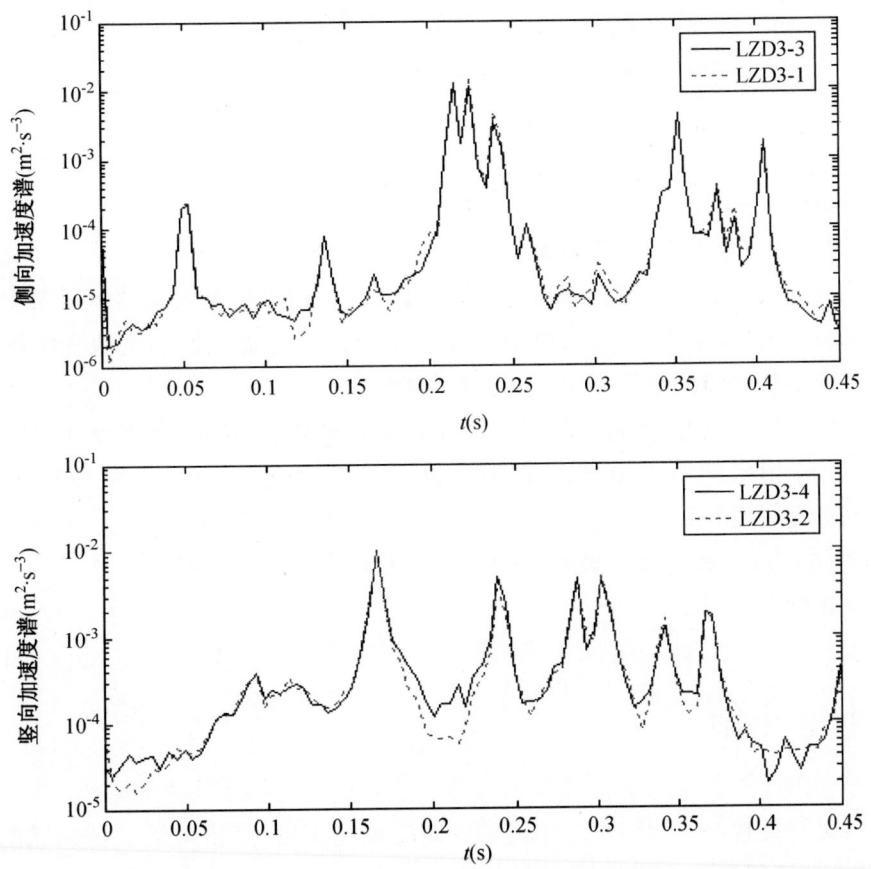

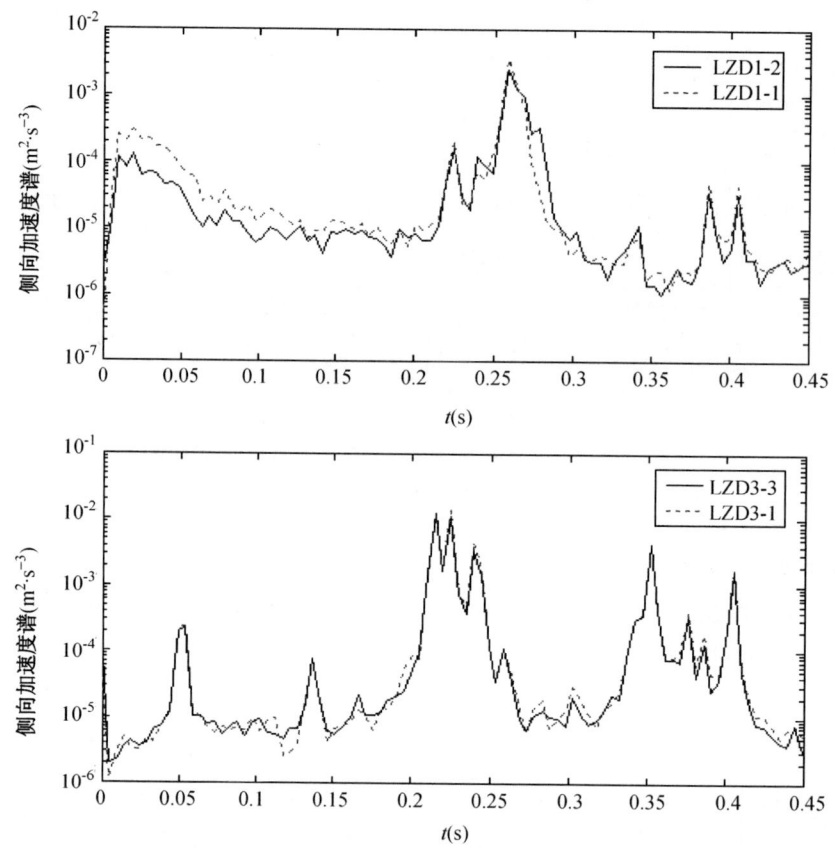

图 5.11 润扬悬索桥缆索加速度响应的功率谱密度

由图 5.11 也可显然看出,迎风侧与背风侧缆索的振动特性相近,且两侧主缆振动的吻合程度比边缆更高。这主要是由于吊杆的联结作用,使得主缆与主梁之间的振动存在相互耦合关系,而边跨由于未设吊杆,约束条件减少,加大了上下游两侧的振动特性差异。另外,南北两岸边缆的振动特性也体现出很强的相似性。

图 5.11 与图 5.9 的对比可明显看出主缆和主梁振动之间的耦合情况,例如一阶对称侧弯振型的耦合,频率均为 0.048 828 Hz。以主缆振动为主的一阶振型频率计算值为 0.207 31 Hz,实测值为 0.214 84 Hz,误差为 3.50%;以边缆振动为主的一阶振型频率计算值为 0.257 96 Hz,实测值为 0.258 79 Hz,误差为 0.32%。这些都再一次证明了有限元分析模型的可靠性[198]。

5.4 本章小结

开展与风特性现场实测同步的结构风致响应现场实测,是桥梁风工程领域的重要研究手段之一,也是该领域一个有待深入研究的重点方向[204]。尤其是对强风作用下结构的风致振动进行观测,其研究价值更大。作为非常典型的案例,旧塔科马悬索桥风毁过程的实况摄影,更是起到了促成桥梁风工程学科诞生的重要作用。为此,本书以遭受该"麦莎"台风袭击的润扬悬索桥为工程背景,基于该桥 SHMS 实时采集的风特性及结构响应数据,对大跨悬索桥的抖振响应进行了现场实测案例研究。

"麦莎"台风期间,润扬悬索桥 SHMS 中的振动监测子系统实时、准确地采集了结构关键截面抖振加速度样本,再加第 4 章的风特性样本,为进行台风作用下该桥抖振响应的实测案例研究提供了稳定可靠的分析平台。在此基础上基于 MATLAB 平台编制了抖振响应实测数据处理程序,深入分析了主梁和缆索的振动响应特性、振动与风速的关系以及结构本身的动力特性等,得到了一些对认识强风作用下大跨度悬索桥各关键部位振动响应特性等有着重要参考价值的结论,主要包括:

(1)"麦莎"台风期间,润扬悬索桥 SHMS 中的振动监测子系统实时、准确地采集了结构关键截面抖振加速度样本,结合第 4 章的台风特性实测数据,为进行台风作用下该桥抖振响应的实测案例研究提供了分析平台,测试数据验证了该桥 SHMS 的稳定性和可靠性。

(2)就主梁振动而言,其竖向加速度要比侧向加速度大得多,且竖向和侧向加速度 RMS 响应的最大值均出现在跨中截面,往南北两岸均呈现出递减的趋势,但从跨中到 1/8 跨的变化都不大,到两梁端截面由于受到支座的约束作用而大幅度下降;扭转加速度 RMS 响应则从 1/8~7/8 跨均变化很小,但在两梁端截面响应均大幅度下降。

(3)就结构振动响应与平均风速之间的关系而言,随着风速的增大,主梁侧向、竖向以及扭转加速度 RMS 响应总体上均有增大的趋势,缆索的振动响应也呈现随风速增大而增大的趋势,且由于边缆未设吊杆,这点表现得比主缆振动更为明显。

(4)就缆索振动而言,与主梁的振动响应相似,主缆的竖向加速度要比侧向加速度大得多,并且主缆的振动响应要比两岸边缆的大;迎风侧与背风侧缆索的振动特性相近,且由于吊杆在缆索和主梁之间的联系作用,而南北岸边缆未设吊杆,上下游主缆振动响应的吻合程度比边缆更高;南北两岸边缆的振动特性也体现出很强的相似性。

(5)无论是竖向还是侧向,主缆还是边缆,上游(迎风侧)缆索的加速度 RMS 响应均明显要大于下游(背风侧),这反映出由于受迎风侧缆索的干扰,背风侧缆索所受风特性较之迎风侧已有所改变,但同一截面上下游响应值相差很小。

(6)主梁和缆索加速度响应的频谱分析结果均表明,润扬悬索桥动力特性的实测结果与有限元计算结果总体上吻合良好,证明了有限元分析模型的可靠性,为下一步该桥抖振响应有限元分析与实测案例对比研究奠定了基础。

由于实测得到了非常宝贵的台风期间的结构输入和输出,本章研究内容在为大跨度桥梁的抗风设计与研究提供参考的同时,还为广大桥梁风工程研究人员,尤其是桥梁抖振精细化研究人员提供了一个确定抖振计算中的关键影响因素、验证现有抖振理论分析方法可靠性的实测平台。

尽管人们在强风分布及结构响应的实测方面做了很多努力,但是,由于强风分布特性现场实测的费用大、周期长,因此难度较大,这方面的研究工作还很不够,相应的测量手段及方法也还有待改进。目前国内外许多地处台风多发沿海地区的大跨度桥梁均安装了包括风速仪和振动传感器在内的 SHMS,为大跨桥梁的抖振响应实测案例研究提供了良好的平台,因此,充分利用好 SHMS 实测所得结构输入和输出数据,研究分析处理这些实测数据的方法,以便为结构风致振动机理研究提供足尺实测数据和平台,是桥梁风工程领域又一具有重要意义的研究课题。

第6章 台风作用下大跨度悬索桥抖振响应时域分析与实测对比研究

6.1 引言

大跨桥梁结构的抖振实质上是紊流风荷载引发的桥梁结构受迫振动,虽然它通常不至于引起结构的破坏,但会导致结构的功能性障碍,如引发构件疲劳、影响行车舒适度等,随着桥梁结构跨径的不断增大,桥梁抖振分析显得越来越重要。目前,抖振响应计算主要有频域和时域两类分析方法。早期国内外桥梁抖振分析主要在频域内进行,采用FFT变换技术,通过激励的统计特性来确定结构的统计特性,因此是一个标准的随机振动分析方法。频域分析理论主要有三种,即Davenport随机抖振理论、Scanlan颤抖振理论和抖振反应谱理论[1]。

Davenport教授[7]于20世纪60年代起将概率统计的方法引入到桥梁等细长结构的抖振响应分析中,应用随机振动理论来分析桥梁的抖振响应,开辟了桥梁气动弹性研究的新领域,并成为至今研究抖振问题的主要方法之一。由于Davenport抖振力模型的推导是在准定常假定的基础上进行的,在准定常条件下,桥梁结构所受抖振力具有两个特点:其一是三分力特性与脉动风频率特性无关;其二是沿桥宽度方向的风荷载是完全相关的。由于自然风场的非定常性,因此必须引入依赖脉动风频率特性的气动导纳函数来修正准定常抖振力模型。

由于Davenport抖振力模型采用了刚性模型假定,即假定结构本身的振动不会影响风荷载,结构的振动与风场之间无反馈关系。而实际上结构的振动与风场之间会形成一种耦合关系,即振动本身会改变风场的特性,风场特性的改变反过来又会影响到结构的振动。结构与风场的耦合从形式上表现为结构刚度特性和阻尼特性的改变,成为气动刚度和气动阻尼。为此,Scanlan教授在其建立的颤振分析理论基础上,提出了考虑结构自身运动引起的自激力以及自然风产生的抖振力同时作用下的颤抖振分析理论。由于在较低风速下,气动阻尼通常表现为正阻尼,此时若忽略自激力的影响则会得到过于偏大的抖振响应计算结果,因此在大跨度桥梁的抖振响应分析中,引入Scanlan自激力模型对Davenport抖振力模型进行修正十分必要[8-9]。

此外,陈伟[205]等综合Davenport和Scanlan抖振理论的特点,然后借鉴结构抗震反应谱分析方法的思想,提出了大跨度桥梁抖振分析的反应谱方法,并结合工程应用的实际需要，在计算过程中做了一定程度的简化。由于频域分析方法假定激励是平稳随机过程且结构是线性的，通过频域的方法建立结构的输入与输出的响应关系具有简单高效的优点，因此在国内外工程结构抗风实践中得到了广泛的应用，也是早期风工程研究领域的最为主要的方法。但由于频域方法在分析过程中只能计入一定数量的模态，得出的是结构响应值的统计特征，且只能进行线性分析，因此有着明显的局限性，并不能够很好地应用于大跨度悬索桥等非线性结构体系。

建立在数值积分基础上的时域分析方法将激励转化为时间系列，通过动力有限元方法得到结构抖振响应的时程，可以非常方便地计入各类非线性因素的影响，而且不存在频域分析中模态耦合和模态数选取等问题[206-212]，因此近年来在风工程领域中，考虑到气动力的非线性以及大跨度柔性结构的几何非线性等影响因素，越来越多的学者采用时域方法进行桥梁的抖振研究。例如国外学者 Boonyapinyo & Miyata[110]、Kovacs[111] 和 Chen & Matsumto[112] 等在时域内研究了大跨度桥梁抖振响应的问题。国内学者如周述华[113]、刘春华[114]、曹映泓[115]、黄汉杰[116]、韩大建等[213-215]也都对大跨结构颤抖振响应的时域分析方法进行了较深入的研究，分析中大都考虑了几何非线性、气动自激力、气动导纳等复杂因素的影响。在上述研究工作的基础上，李立[122]等人还利用一种时频混合格式计算了桥梁结构在紊流风激励下的抖振时程响应。时域分析法考虑因素比较全面，是抖振计算的发展方向，但计算量非常大，而且在随机风场的模拟以及自激力的时域化离散处理上仍有待进一步研究。

长期以来，桥梁结构的抗风问题一直由专业人员通过开发专用的有限元分析程序来完成，程序的研发过程通常需要投入大量的人力、物力和财力，且一般而言，这些已研发好的程序虽然可以很好地完成某些特定的分析，但其前后处理功能相对来说都不够强大。20 世纪 70 年代以来，随着计算机软硬件技术的飞速发展，结构有限元分析技术有了很大的突破，ANSYS、ABAQUS、ADINA 和 MSC/NASTRAN 等具有强大的求解和前后处理功能的大型通用有限元软件的应用日渐广泛，如何利用现有的通用有限元程序来进行桥梁抗风设计成为桥梁工程界所关心的问题。目前已有一些学者开始研究在这些现有软件平台上进行桥梁抖振时域分析的实现方法。例如，华旭刚、杨咏漪、曾宪武、胡亮等分别采用 ANSYS 对多种大跨度桥梁抖振时域分析方法进行了研究[117-121,215]，自激力的影响以单元气动阻尼矩阵和单元气动刚度矩阵的形式加以考虑。

以上分析表明，大跨度桥梁抖振响应分析影响因素多而复杂，因此对上述分析方法本身的可靠性进行验证就显得尤为重要。对大跨度桥梁抖振响应的现场实测结果和基于现场同步实测风场参数的抖振分析结果进行比较，是验证现有抖振分析方法可靠性的一种有效手段。例如 Macdonald J H G 等人基于现场实测数据对斜拉桥的抖振响应进行了预测[201]，Zhu L D 等[39-41]以遭受台风 Sam 袭击的香港青马大桥为工程背景，对大跨度桥梁抖振响应进行了分析和实测案例研究，并基于线性准定常和气动片条理论发展了一种斜风作用下大跨度桥梁结构抖振响应分析的有限元频域方法。然而由于测试工程庞大、费用昂贵等原因，这方面的研究工作至今还不多。

第6章 台风作用下大跨度悬索桥抖振响应时域分析与实测对比研究

本书以 Scanlan R H 教授基于平均风分解法的斜风作用下大跨度桥梁抖振响应分析方法为基础,结合 SHMS 实测风特性数据的特点对其进行了改进,建立了适于 SHMS 采集数据的风分解法。在此基础上以大型计算软件 MATLAB 和 ANSYS 为分析平台,发展了一套斜风作用下大跨度桥梁抖振响应的时域分析实用方法,自激力在 ANSYS 中以 Matrix27 矩阵的形式输入,编制了全部相关程序,从而实现了直接由 SHMS 实测风环境数据得到结构的抖振响应。在此基础上,将有限元数值模拟与第 5 章 SHMS 现场实测结果进行对比,验证了本书抖振响应时域分析方法的可靠性,探讨了大跨度悬索桥抖振响应分析的关键影响因素,深入分析了强风作用下大跨度悬索桥的抖振响应特征,为其他同类型大跨缆索承重桥梁的抗风研究提供了参考。

6.2 一种斜风作用下大跨悬索桥抖振响应时域分析实用方法

6.2.1 Scanlan 平均风分解法的改进

在已有的研究当中,国内外大多数常用的抖振分析方法都是假定平均风向与桥跨方向垂直,并认为此时桥梁的抖振响应最大,因而并不能满足斜风作用下大跨度桥梁抖振响应分析的需要。然而由于大跨度桥梁在方案设计中确定桥位和桥轴走向时,通常总是设法使桥跨的法向尽可能地偏离当地的主风向,以尽量减小桥梁的风振响应。因此,各类强风常以一个较大的偏角偏离桥跨的法向。随着风与结构健康监测系统在世界范围内的不断增多,许多的现场实测结果也都证明了这一结论。因此,现有正风下的抖振响应分析方法并不能直接应用于与现场实测结果的对比。

为此,Kimura K、Tanaka H、Ohara T 和 Xie J 等人提出了大跨度桥梁抖振响应分析的平均风分解法[142-146],并由 Scanlan 教授[144]对该法进行了总结。这种方法的基本思路是,首先把斜风的平均风速分解成垂直桥跨方向(横桥向)的余弦分量和顺桥向的正弦分量,然后独立地计算两个平均风速分量作用下的桥梁抖振响应,再对计算结果进行叠加。由于目前还无法建立一套顺桥向风作用下的合理且适用的气动力模型,难以计算出桥梁在顺桥向风作用下的响应,因此在分析中一般忽略了斜风顺桥向的正弦分量,而只考虑横桥向的余弦分量。已有学者指出,"常规的斜风分解法可能会低估斜风作用下大跨度桥梁的抖振响应幅度,造成大跨度桥梁抗风设计的不安全",因此,采用该法所得计算结果的准确性还有待现场实测数据的进一步考证。

随着风与结构健康监测系统在很多重要桥梁结构上的安装,现场测得了大量的斜风特性数据以及在这些斜风作用下结构关键部位的响应,为验证基于平均风分解法的斜风作用下桥梁抖振响应分析理论提供了良好的平台。然而由于早期研究当中实测风数据的缺乏,现有的平均风分解理论都是从已知主风向平均风速和三维脉动风速开始,未考虑现有风速仪实测数据的特点,因此直接应用起来很不方便,需要对实测风数据包括瞬时风速大小V、方位角β、竖平面角(攻角)α等进行分析处理以获得主风向平均风速和三维脉动风速,如本书第4章所述。为此本书结合实测风数据的特点对Scanlan教授的斜风分解理论进行了如下改进。

如图6.1所示,假定桥面受到主风向与桥跨法向夹角(风向偏角)为β的斜风袭击,此时Scanlan教授的斜风分解理论从平均风速和三维脉动风速开始进行[144],如式(6-1)所示。

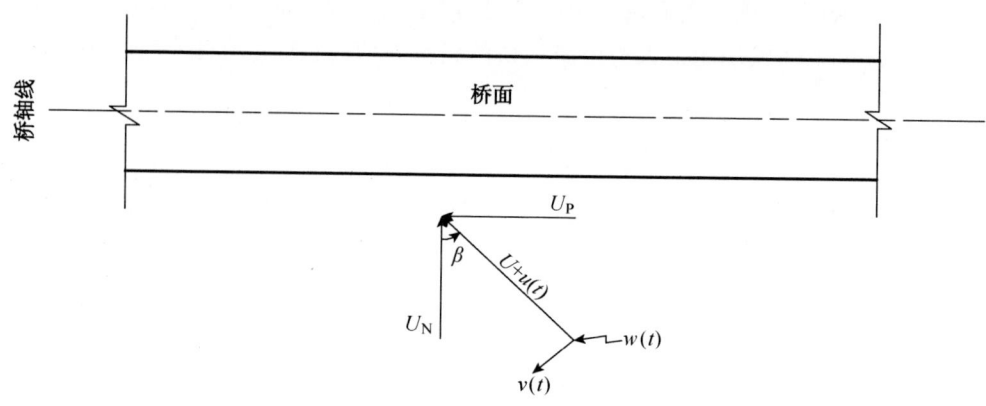

图6.1 斜风作用下的主梁平面示意图

$$U + u(t) = V_a \quad \text{(along-wind,顺风向)} \tag{6-1a}$$

$$v(t) = V_h \quad \text{(horizontal across-wind,横风向)} \tag{6-1b}$$

$$w(t) = V_w \quad \text{(vertical across-wind,竖向)} \tag{6-1c}$$

图6.1和式(6-1)中,U为平均风速,$u(t)$、$v(t)$和$w(t)$分别代表顺风向、横风向和竖向脉动风速,风速沿三个方向的分量分别用V_a、V_h和V_w来表示。按照斜风分解理论将U、$u(t)$和$w(t)$进行顺桥向和横桥向分解,如图6.1所示,则有:

$$U_N = (U+u)\cos\beta - v\sin\beta \tag{6-2a}$$

$$U_P = (U+u)\sin\beta - v\cos\beta \tag{6-2b}$$

此时已将斜风的风速分解成横桥向的余弦分量和顺桥向的正弦分量,然后则可根据现有的理论计算出桥梁结构的抖振响应。式(6-2)中,U_N和U_P分别表示分解之后横桥向和顺桥向的风速。

由式(6-2)可知,为了得到U_N和U_P,必须先求出U、$u(t)$和$v(t)$,然而在风速仪实测数据当中,由于SHMS中风速仪实测数据为瞬时风速大小V和方位角β,需要经过换算才能够得到U、$u(t)$和$v(t)$,换算方法可见第4章内容。但是很明显,由实测瞬时风速大小V和方位角β可以非常方便地得到瞬时U_N和U_P,换算方法为:

$$U_N = V\cos\beta \tag{6-3a}$$

$$U_P = V\sin\beta \tag{6-3b}$$

对比式(6-2)和(6-3)可知,未经处理的实测数据本身更加便于进行分解,这样不仅使得风速分解更为便捷,同时还减小了过多的数据处理过程可能带来的结果误差。

6.2.2 自激力的有限元模拟

桥梁风荷载通常分为静力风荷载、抖振力和自激力,其中静力风荷载按照常规用静力三分力系数计算[1-2],抖振力按照Scanlan教授的准定常理论计算,如式(6-4)所示。

$$L_b(t) = \frac{1}{2}\rho U^2 B \left[2C_L(\alpha_0)\frac{u(t)}{U} + (C'_L(\alpha_0) + C_D(\alpha_0))\frac{w(t)}{U} \right] \tag{6-4a}$$

$$D_b(t) = \frac{1}{2}\rho U^2 B \left[2C_D(\alpha_0)\frac{u(t)}{U} + C'_D(\alpha_0)\frac{w(t)}{U} \right] \tag{6-4b}$$

$$M_b(t) = \frac{1}{2}\rho U^2 B^2 \left[2C_M(\alpha_0)\frac{u(t)}{U} + C'_M(\alpha_0)\frac{w(t)}{U} \right] \tag{6-4c}$$

式(6-4)中,ρ 为空气密度;U 为平均风速;B 为桥面宽度;α_0 为平均风攻角;C_L、C_D、C_M 分别为升力、阻力和升力矩系数;C'_L、C'_D、C'_M 分别为升力、阻力和升力矩系数曲线斜率,这些气动系数均可在风洞试验中测得;$u(t)$、$v(t)$ 和 $w(t)$ 的意义同式(6-1)。静力风荷载以及抖振力的计算都已比较成熟,因此,本节重点介绍气动自激力的有限元模拟方法。

根据Scanlan教授[9]提出的自激空气动力表达式,结构单位长度上受到的气动升力 L_{se}、气动阻力 D_{se} 和气动扭矩 M_{se} 可分别表示为竖向位移 h、水平位移 p 和扭转位移 α 的函数,采用无量纲气动导数 H_i^*、P_i^*、A_i^* ($i=1, 2, \cdots, 6$) 来表达,如式(6-5)所示。

$$L_{ae} = \frac{1}{2}\rho U^2 (2B)\left[KH_1^* \frac{\dot{h}}{U} + KH_2^* \frac{B\dot{\alpha}}{U} + K^2 H_3^* \alpha + K^2 H_4^* \frac{h}{B} + KH_5^* \frac{\dot{p}}{U} + K^2 H_6^* \frac{p}{B} \right] \tag{6-5a}$$

$$D_{ae} = \frac{1}{2}\rho U^2 (2B)\left[KP_1^* \frac{\dot{p}}{U} + KP_2^* \frac{B\dot{\alpha}}{U} + K^2 P_3^* \alpha + K^2 P_4^* \frac{p}{B} + KP_5^* \frac{\dot{h}}{U} + K^2 P_6^* \frac{h}{B} \right] \tag{6-5b}$$

$$M_{ae} = \frac{1}{2}\rho U^2 (2B^2)\left[KA_1^* \frac{\dot{h}}{U} + KA_2^* \frac{B\dot{\alpha}}{U} + K^2 A_3^* \alpha + K^2 A_4^* \frac{h}{B} + KA_5^* \frac{\dot{p}}{U} + K^2 A_6^* \frac{p}{U} \right] \tag{6-5c}$$

式(6-5)表示的是桥面单位长度上所受到的气动自激力,其中字母 U、ρ、B 的意义同式(6-4);$K=B\omega/U$ 为无量纲频率;ω 为振动圆频率;气动导数 H_i^*、P_i^*、A_i^* ($i=1, 2, \cdots, 6$) 是无量纲风速 $\tilde{U} = U/(fB)$ 或无量纲频率的函数,它们的值与桥梁截面的几何形状有关。L_{se}、D_{se} 和 M_{se} 的方向及 B、α 等参数的示意见图6.2。

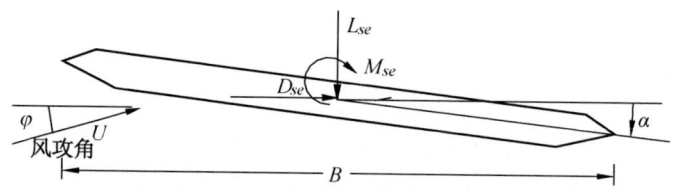

图 6.2 桥梁主梁断面的气动力

显然,桥面单位长度上的受到的气动力为分布荷载,将这些分布荷载转化为作用于单元两个节点的集中荷载。作用于单元 e 两节点 i 和 j 的等效自激力可表示为[117]:

$$\begin{Bmatrix} (\boldsymbol{F}_{ae}^e)_i \\ (\boldsymbol{F}_{ae}^e)_j \end{Bmatrix} = \begin{bmatrix} (\boldsymbol{K}_{ae}^e)_{ii} & (\boldsymbol{K}_{ae}^e)_{ij} \\ (\boldsymbol{K}_{ae}^e)_{ji} & (\boldsymbol{K}_{ae}^e)_{jj} \end{bmatrix} \begin{Bmatrix} \boldsymbol{X}_i^e \\ \boldsymbol{X}_j^e \end{Bmatrix} + \begin{bmatrix} (\boldsymbol{C}_{ae}^e)_{ii} & (\boldsymbol{C}_{ae}^e)_{ij} \\ (\boldsymbol{C}_{ae}^e)_{ji} & (\boldsymbol{C}_{ae}^e)_{jj} \end{bmatrix} \begin{Bmatrix} \dot{\boldsymbol{X}}_i^e \\ \dot{\boldsymbol{X}}_j^e \end{Bmatrix} \quad (6\text{-}6)$$

式(6-6)中,$\boldsymbol{X}_i^e$ 和 $\boldsymbol{X}_j^e$ 分别为单元 e 在 i 和 j 节点的位移向量;$\dot{\boldsymbol{X}}_i^e$ 和 $\dot{\boldsymbol{X}}_j^e$ 分别为单元 e 在 i 和 j 节点的速度向量;$\boldsymbol{K}_{ae}^e$ 和 $\boldsymbol{C}_{ae}^e$ 分别为单元 e 的气动刚度和气动阻尼矩阵。类似于一致质量矩阵和集中质量矩阵,容易导出单元的一致气动力矩阵和集中气动力矩阵。当采用集中气动力矩阵时,气动刚度和气动阻尼矩阵分别如式(6-7)和(6-8)所示:

$$\boldsymbol{K}_{ae}^e = \begin{bmatrix} \boldsymbol{K}_{ae1}^e & 0 \\ 0 & \boldsymbol{K}_{ae1}^e \end{bmatrix} \quad (6\text{-}7a)$$

其中,

$$\boldsymbol{K}_{ae1}^e = \frac{\rho U^2 K^2 L_e}{2} \begin{bmatrix} 0 & 0 & 0 & 0 & 0 & 0 \\ 0 & P_6^* & P_4^* & BP_3^* & 0 & 0 \\ 0 & H_6^* & H_4^* & BH_3^* & 0 & 0 \\ 0 & BA_6^* & BA_4^* & B^2 A_3^* & 0 & 0 \\ 0 & 0 & 0 & 0 & 0 & 0 \\ 0 & 0 & 0 & 0 & 0 & 0 \end{bmatrix} \quad (6\text{-}7b)$$

$$\boldsymbol{C}_{ae}^e = \begin{bmatrix} \boldsymbol{C}_{ae1}^e & 0 \\ 0 & \boldsymbol{C}_{ae1}^e \end{bmatrix} \quad (6\text{-}8a)$$

其中,

$$\boldsymbol{C}_{ae1}^e = \frac{\rho UBKL_e}{2} \begin{bmatrix} 0 & 0 & 0 & 0 & 0 & 0 \\ 0 & P_5^* & P_1^* & BP_2^* & 0 & 0 \\ 0 & H_5^* & H_1^* & BH_2^* & 0 & 0 \\ 0 & BA_5^* & BA_1^* & B^2 A_2^* & 0 & 0 \\ 0 & 0 & 0 & 0 & 0 & 0 \\ 0 & 0 & 0 & 0 & 0 & 0 \end{bmatrix} \quad (6\text{-}8b)$$

式(6-7)和(6-8)中,L_e 为单元 e 的长度。需要指出的是,以上两式的形式与总体坐标系的方向有关。由以上两式可知，气动刚度和气动阻尼矩阵可由桥梁截面的几何形状完全确定，因此根据式(6-6)可知，当桥宽 B 以及全部颤振导数均为已知时，单元 e 两个节点上所受到的自激力由各自节点的位移即可确定。

6.2.3 基于 APDL 语言的程序实现

大型通用有限元分析软件 ANSYS 具有良好的界面、方便的前后处理、强大的计算分析功能和开放的二次开发系统，分析范围广泛，已成为结构分析中最为常用的软件之一。因此，开发出基于 ANSYS 平台的大跨度桥梁抖振响应分析模块具有非常重要的实际意义。

ANSYS 软件所提供的 Matrix27 单元是一种功能很强的单元，其示意图如图 6.3 所示。Matrix27 单元具有两个节点，每个节点有 6 个自由度，其单元坐标系和总体坐标系平行。该单元没有固定的几何形状。与一般结构分析单元不同的是，它可以通过实常数的方式输入对称或不对称的质量、刚度或阻尼矩阵，以模拟结构系统的质量、刚度或阻尼，由于自激气动力矩阵是不对称矩阵，这正是本书利用 Matrix27 来模型气动自激力的出发点。

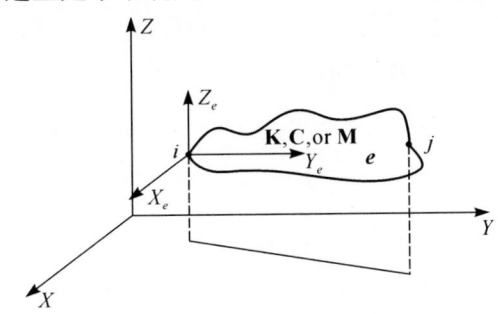

图 6.3 Matrix27 单元示意图

图 6.4 给出了不对称情况下 Matrix27 的系数矩阵[60]，由该图可知，不对称情况下 Matrix27 单元矩阵共有 144 个系数，将式(6-7)和(6-8)已定义好的气动刚度矩阵系数或气动阻尼矩阵系数代入该矩阵，该单元就可以用来模拟桥面受到的气动自激力。

$$\begin{bmatrix} C_1 & C_2 & C_3 & C_4 & C_5 & C_6 & C_7 & C_8 & C_9 & C_{10} & C_{11} & C_{12} \\ C_{79} & C_{13} & C_{14} & - & - & - & - & - & - & - & C_{22} & C_{23} \\ C_{80} & C_{81} & C_{24} & - & - & - & - & - & - & - & - & C_{33} \\ C_{82} & C_{83} & C_{84} & C_{34} & - & - & - & - & - & - & - & C_{42} \\ C_{85} & C_{86} & - & C_{88} & C_{43} & - & - & - & - & - & - & C_{50} \\ C_{89} & - & - & - & C_{93} & C_{51} & - & - & - & - & - & C_{57} \\ C_{94} & - & - & - & - & C_{99} & C_{58} & - & - & - & - & C_{63} \\ C_{100} & - & - & - & - & - & C_{106} & C_{64} & - & - & - & C_{68} \\ C_{107} & - & - & - & - & - & - & C_{114} & C_{69} & - & - & C_{72} \\ C_{115} & - & - & - & - & - & - & - & C_{123} & C_{73} & - & C_{75} \\ C_{124} & - & - & - & - & - & - & - & - & C_{132} & C_{133} & C_{76} & C_{77} \\ C_{134} & C_{135} & C_{136} & C_{137} & C_{138} & C_{139} & C_{140} & C_{141} & C_{142} & C_{143} & C_{144} & C_{78} \end{bmatrix}$$

图 6.4 不对称情况下 Matrix27 单元的系数矩阵

为将上述自激力荷载在 ANSYS 中实现,对于任意选定的桥面单元 e 而言,本书采用了如图 6.5 所示的计算图示。由于一个单元 Matrix27 只能模拟气动刚度或者气动阻尼矩阵中的二者之一,而不能同时模拟这两者,因此在每个桥面主梁节点处添加两个 Matrix27 单元 E,其中包括一个刚度单元和一个阻尼单元。

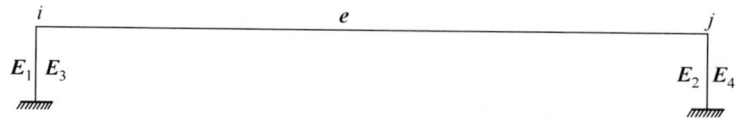

图 6.5 自激力有限元模拟示意图

在图 6.5 中,单元 E 的一个节点为主梁节点 i 或 j,另一个节点固定,由于单元长度可以任取,因此可任意设定固定节点的位置。例如,在节点 i 处,单元 E_1 用于模拟气动刚度而单元 E_3 用于模拟主梁节点 i 处受到的等效气动阻尼,单元 E_1 和 E_3 共用两节点。单元 E_2 和 E_4 的功能与模拟方法与单元 E_1 和 E_3 相同。

由上述分析知,当模拟主梁的各 BEAM4 单元的长度相等时,用于模拟气动刚度和气动阻尼的 Matrix27 矩阵可由式(6-9)得到:

$$\boldsymbol{K}^{E_1} = -2\boldsymbol{K}_{ae}^{e}, \quad \boldsymbol{C}^{E_3} = -2\boldsymbol{C}_{ae}^{e} \tag{6-9a}$$

$$\boldsymbol{K}^{E_2} = -2\boldsymbol{K}_{ae}^{e}, \quad \boldsymbol{C}^{E_4} = -2\boldsymbol{C}_{ae}^{e} \tag{6-9b}$$

式(6-9)中,$\boldsymbol{K}^{E_1}$ 和 $\boldsymbol{K}^{E_2}$ 分别为单元 E_1 和 E_2 的刚度矩阵;$\boldsymbol{C}^{E_3}$ 和 $\boldsymbol{C}^{E_4}$ 分别为单元 E_3 和 E_4 的阻尼矩阵;$\boldsymbol{K}_{ae}^{e}$ 和 $\boldsymbol{C}_{ae}^{e}$ 分别为单元 e 的气动刚度矩阵和气动阻尼矩阵。因此,将式(6-9)的刚度矩阵和阻尼矩阵转化到总体坐标系下并组集成结构总体气动力矩阵,并分别与原结构的刚度矩阵和阻尼矩阵进行叠加,就可得到用于抖振分析的有限元模型的系统刚度矩阵和阻尼矩阵。至此,在 ANSYS 中计算斜风作用下大跨悬索桥抖振响应的时域分析方法已全部完成,其实现过程为:

① 基于参数化设计语言 APDL 建立结构的有限元计算模型,同时将主梁断面的颤振导数以 TABLE 方式进行存储。

② 调用实测风场数据,并采用本书方法对其进行斜风分解处理。

③ 根据风速数据确定用于模拟刚度矩阵和阻尼矩阵的 Matrix27 单元的参数,得到用于抖振分析的有限元模型。

④ 由实测风场数据,采用实测静力三分力系数计算出静力风荷载,再按照式(6-4)计算抖振力时程。

⑤ 施加④所得风荷载到结构有限元模型上,进行瞬态动力学求解。

⑥ 进入后处理查看结构的时程响应分析结果,并对结果进行统计处理,求出统计量如加速度 RMS 响应值等。

必须指出,在没有实测风场数据的情况下,风场的数值模拟也是进行大跨度桥梁抖振响应分析的关键问题之一[216]。

6.3 抖振数值计算中的参数输入

6.3.1 风场参数

风场的准确模拟是桥梁抖振时域分析的首要环节[109,115]。为了便于进行计算值与实测值的对比,抖振计算时平均风速和风向、脉动风谱以及空间相关性等重要风场参数尽量采用第4章对"麦莎"台风的实测结果,但由于桥跨的法线方向与正南正北方向存在29.1°的夹角,因此进行斜风分解时必须将实测风向与该夹角进行叠加。由于风速仪数量有限,因此分析中假定风场特性沿桥轴线均匀,第5章两岸边缆的抖振响应实测分析结果也表明,这个假设是可以接受的[198]。平均风速随高度的变化规律采用幂指数来表示,指数 α 值取为实测值 0.1206。

6.3.2 构件截面气动系数

主梁截面的气动系数通过同济大学土木工程防灾国家重点实验室所进行的风洞试验获得,均匀流场中实测得到的主梁在各攻角下的静力三分力系数及其导数如图 6.6 所示[1]。分析过程中忽略了作用在吊杆上的气动力,主缆的气动系数采用式(6-10)得到[41,217]。

$$C_d(\beta) = C_{d0} \cos^3(\beta) \tag{6-10a}$$

$$C_c(\beta) = C_{d0} \cos^2(\beta)\sin(\beta) \tag{6-10b}$$

式(6-10)中,C_d 和 C_c 分别表示斜风作用下长光圆杆的气动阻力和气动侧力系数;β 为风向偏角;$C_{d0}=C_d(0°)$ 为 0°风偏角时圆杆截面的阻力系数。

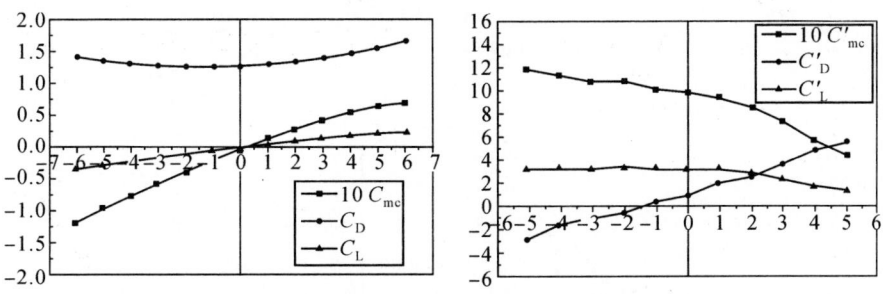

图 6.6 润扬悬索桥主梁断面静力三分力系数及其导数

6.3.3 构件截面气动导数

与常用抖振分析方法相同,在本次抖振响应实测案例研究当中,忽略了主梁之外其他构件气动自激力的影响。主梁气动自激力以单元气动刚度矩阵和单元气动阻尼矩阵的形式在

ANSYS 中以 Matrix27 矩阵输入。式(6-4)中气动导数的准确识别对抖振分析结果非常重要[218-220],其中 H_i^*、A_i^* ($i=1,2,3,4$)共 8 个竖向和扭转气动导数由风洞试验测得,如图 6.7 所示;采用准定常近似公式计算了 P_i^* ($i=1,3,5$)3 个侧向气动导数,其余气动导数忽略[221]。

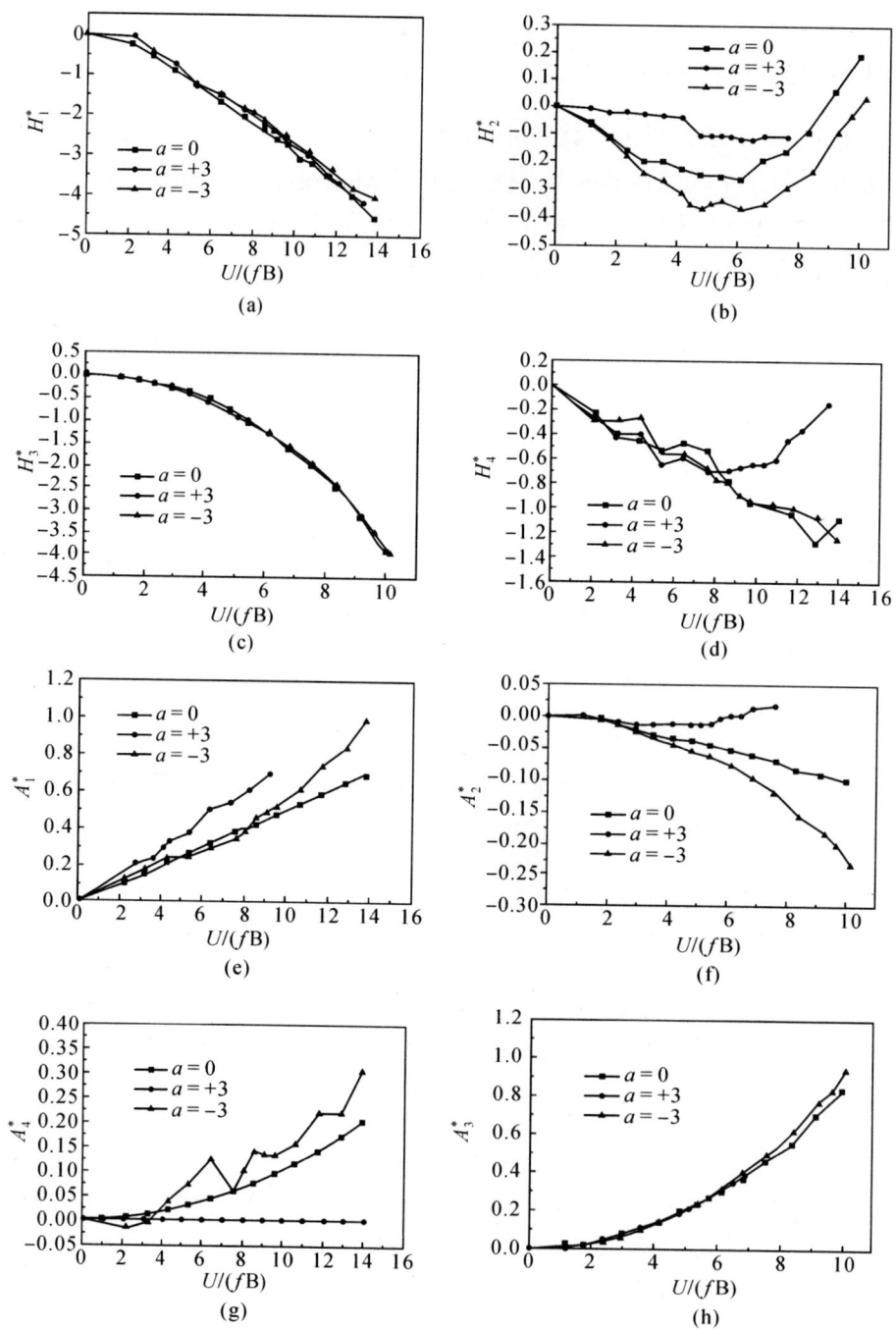

图 6.7 润扬悬索桥主梁断面颤振导数 H_i^* 和 A_i^*

6.4 抖振数值计算与现场实测结果的对比研究

6.4.1 用于抖振分析的有限元模型

在第 3 章经过修正的空间有限元计算模型基础上,根据 6.2.3 节所述方法,采用 Matrix27 单元模拟了主梁受到的气动自激力,其中 Matrix27 单元的长度取为 60 m。考虑了气动自激力的润扬悬索桥有限元模型如图 6.8 所示。

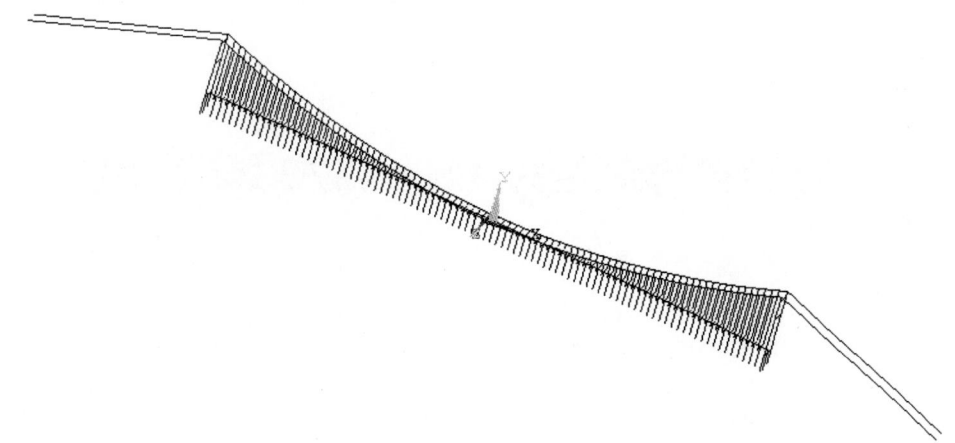

图 6.8　用于抖振分析的润扬悬索桥空间有限元计算模型

基于 ANSYS 的瞬态动力学分析功能和 APDL 语言编制的计算程序,将换算好的抖振力时程和静力风荷载施加于以上有限元模型,得到了润扬悬索桥抖振响应时程分析结果。分析中选用了 Newmark-β 法进行积分求解,时间间隔取为 0.05 s,采用了实测阻尼比[168],考虑了结构几何非线性等因素的影响。为了能够与第 5 章所选时段实测结果进行对比,计算时长取为 3 600 s。由于计算工作数据量庞大,时程响应分析在专用工作站上进行,时程分析工作在工作站上花费总时间约为 260 min。由于结果文件庞大,仅选择了本书所关心的结构部分关键截面的计算结果进行输出和分析。

6.4.2 主梁抖振加速度响应对比分析

由于行人、车辆荷载直接作用在主梁上,因此主梁的抖振响应与结构舒适度直接相关,是评定大跨度悬索桥抖振舒适度、确定桥梁结构的动力风载以及计算钢箱梁疲劳可靠度等的主要依据,同时为了便于和第 5 章实测结果进行对比,本书首先选择了主梁为研究对象进行分析。图 6.9 示出了在所选时段"麦莎"台风作用下,基于上述斜风作用下大跨悬索桥抖振响应时域分析方法计算所得的润扬悬索桥主梁跨中截面的抖振加速度时程响应。

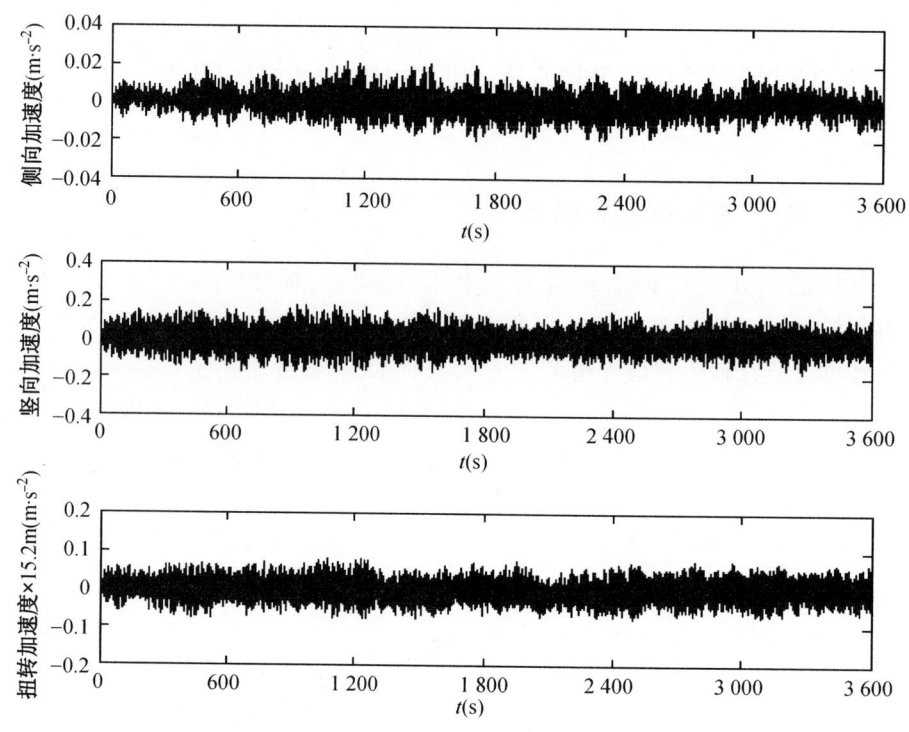

图 6.9　主梁跨中侧向、竖向和扭转加速度响应计算值

将图 6.9 所示主梁跨中截面侧向、竖向和扭转加速度响应的计算结果与图 5.5 所示实测结果进行对比分析可知：

（1）由于实测值受环境、车辆荷载、温度等许多随机因素的影响，因此出现了少数异常值，而计算过程中只考虑了风荷载这一单一因素，这便使得加速度时程响应计算值较实测值更加平稳，看上去显得更加均匀，且对比图 5.6 可知，计算值与风速大小之间的相关性显然增强。

（2）就振动的幅值而言，虽然主梁的竖向、侧向和扭转加速度响应的理论与实测值不能够实时对应，但可以明显看出无论哪个方向的加速度响应，其理论与实测值总体上都差别不大，因此监测数据和本书计算结果的可靠性得到了相互验证，为进一步的分析奠定了基础。

（3）由于有限元模型计算时从静止状态开始激振，而实际结构在激振前早已开始振动，这便导致了抖振响应实测值与计算值二者之间初始条件不同，使得不便将抖振响应时程计算结果与实测值直接进行比较。分析图 6.9 中刚开始阶段的振动数据还可知，在"麦莎"台风作用下，相对于竖向振动和扭转振动而言，侧向振动更加容易激振起来。

另外，无论是风特性的实测数据，还是振动响应的监测数据在 SHMS 中的传输和存储都需要时间，虽然时间很短，但只要这两种数据传输和存储过程所消耗的时间不同，就会导致二者之间存在一个时间差，因此，根据实测风数据计算出的结构响应与相应时间记录的结构响应也就存在一个时间差导致的不同步问题。

综上所述,初始条件不同、环境因素、时间差导致的不同步等原因,使得抖振时程响应的计算值与实测值之间存在着一定的差别,而且由于数据量非常大不容易显示出二者之间的对比效果,因此本书将时程响应值进行了统计学分析处理(以获得响应的 RMS 值)和基于 FFT 变换的频谱分析处理,再与第 5 章实测数据的分析结果进行对比分析,由于所选时段足够长,因此无论是初始条件还是时间差,经过对数据的统计学分析处理之后,其影响都可以忽略。

1) 主梁加速度 RMS 响应计算与实测结果的对比分析

虽然现在高版本的 ANSYS 也可以求解计算结果的均值、方差等,但由于不是专门的数值分析软件,过程较为繁琐,而且考虑到后续的功率谱密度分析仍需要在 MATLAB 软件中进行,因此本书基于 MATLAB 软件调用 ANSYS 抖振响应有限元计算结果,再编制程序对其进行统计分析处理,得到了所选时段"麦莎"台风作用下,润扬悬索桥所选关键截面抖振 RMS 响应的计算值;实测值的处理方法详见第 5 章。表 6.1 列出了计算值与实测值之间的相对偏差(以下简称为"偏差"),其中主梁竖向加速度 RMS 响应的实测值均采用同一截面上、下游实测值的平均值。

表 6.1 主梁加速度 RMS 响应计算与实测结果比较(m/s^2)

主梁截面		ZLZD8	ZLZD1	ZLZD2	ZLZD3	ZLZD4	ZLZD5	ZLZD6	ZLZD7	ZLZD9
侧向	计算值	0.0027	0.0083	0.0119	0.0114	0.0128	0.0114	0.0119	0.0083	0.0027
	实测值	0.0020	0.0099	—	0.0120	0.0121	0.0119	0.0097	—	0.0027
	偏差	35.0%	−16.2%		−5.0%	5.8%	4.2%	22.7%		0
竖向	计算值	0.0226	0.0435	0.0427	0.0446	0.0475	0.0446	0.0427	0.0435	0.0226
	实测值	0.0271	0.0481	—	0.0474	0.0502	0.0494	0.0463	0.0454	0.0242
	偏差	−16.6%	−9.6%		−5.9%	−5.4%	−9.7%	−7.8%	−4.2%	−6.6%
扭转	计算值	0.0079	0.0216	0.0234	0.0231	0.0239	0.0231	0.0234	0.0216	0.0079
	实测值	0.0114	0.0267	—		0.0262			0.0250	0.0111
	偏差	−30.7%	−19.1%			−8.8%			−13.6%	−28.8%

由表 6.1 可知,由于采用了根据实测数据修正之后的基准有限元模型,SHMS 又测得了稳定可靠的强风特性数据以及振动响应数据,同时考虑了气动自激力的影响,因此主梁加速度 RMS 响应的计算与实测结果总体上吻合得较好,但由于大跨度悬索桥抖振响应数值计算和实测过程均存在着大量的复杂影响因素和不确定性,且风速仪数量有限,使得某些响应值仍相差较大,现详细分析如下:

(1) 主梁跨中截面抖振 RMS 响应的计算和实测结果较为接近,偏差值较小。从 1/4~3/4 跨(即主梁 ZLZD2~ZLZD6 截面),除了 ZLZD6 截面的侧向振动偏差达到了 22.7%之外,其余均在 10%以内,主要原因之一是主梁上的风速仪安装在跨中,这就使得数值计算中所采用的风场在跨中与实测风场完全相同,因而此处的风速可保证是完全准确的。

(2) 相对而言,主梁两端截面抖振 RMS 响应的计算和实测结果之间的偏差值较大,包括 0~1/8 跨以及 7/8~8/8 跨(即主梁 ZLZD8、ZLZD1、ZLZD7 和 ZLZD9 共 4 个截面),ZLZD8 截面的侧向振动偏差达到了 35.0%,且扭转振动偏差也达到了 -30.7%,竖向振动偏差相对小一些,除了风速仪安装在跨中之外,主要是由于梁端部距离支座很近,而该滑动支座在 ANSYS 中是采用耦合作用来进行模拟,这样的模拟与实际情况是有出入的,尤其是在侧向与扭转方向。

(3) 对主梁侧向、竖向和扭转三个方向的加速度 RMS 响应计算与实测值之间的偏差值进行比较,结果表明扭转响应的偏差值最大,而竖向响应的偏差值总体上最小。这主要是由于主梁扭转模态的有限元计算结果(包括频率、MAC 值等)与实测结果之间的偏差较大,而竖弯模态的有限元计算结果与实测结果之间的偏差在三者之间最小,这点由图 3.10 和图 3.11 可知。

以上还可以看出,竖向与扭转加速度 RMS 响应的计算值均比实测值小,这点将在 6.4.3 节与缆索的振动特性一起进行分析。必须指出,以上分析中虽然指出了产生计算和实测值之间偏差的主要原因,但这一原因并非是全面的。由于大跨度悬索桥抖振响应计算和实测过程受大量复杂因素和不确定因素的影响,如润扬悬索桥有限元建模过程、有限元模型的离散过程、斜风分解过程、气动导数、气动系数的测试过程、风特性的实测过程、主梁抖振响应的实测过程以及计算和实测过程中的温度差等,都会对该对比研究造成影响。因此,计算和实测值之间偏差的产生还受到许多其他因素的影响,有待今后更多的风洞试验以及现场实测案例研究的证明。为了进一步研究"麦莎"台风作用下主梁的抖振响应,图 6.10 绘制了计算与实测值二者之间的对比图。

图 6.10 中,横轴为沿桥跨方向,只包括主跨范围,中心点取在跨中截面;纵轴为主梁截面计算和实测加速度的 RMS 响应值。为了更好地了解主梁抖振响应的分布情况,计算值包括了主梁沿桥跨划分了单元的全部截面,因此每隔 16.1 m 有一个计算值,再用光滑曲线拟合连接得到,由于实测截面数量有限,因此将这些截面的实测值用黑点来表示。图 6.10 进一步验证了主梁跨中截面抖振 RMS 响应的计算和实测结果较为接近,偏差值较小而靠近梁端截面偏差值较大,以及三个方向抖振 RMS 响应中扭转响应对应的偏差值最大的结论。同时从图 6.10 还可知:

(1) 从 1/4~3/4 跨,主梁侧向、竖向和扭转三个方向的加速度 RMS 响应值的变化都不是很大,进入 1/4 截面其响应值已开始接近最大值。相对而言,该范围内的扭转响应值变化最小、最为平稳;侧向响应值的变化波动最大,跨中出现了非常明显的最大值;竖向振动出现了一系列的小范围波动,其最大值也在跨中出现。

(2) 与对江阴长江大桥、香港青马大桥等同类型桥梁的抖振分析计算结果进行对比可知,润扬悬索桥跨中截面附近的抖振响应非常稳定,对应的竖向和扭转抖振响应几乎是一条水平线。这主要是由于受到了该桥跨中所设刚性中央扣的影响,使得该处成为了一个大范

第6章 台风作用下大跨度悬索桥抖振响应时域分析与实测对比研究

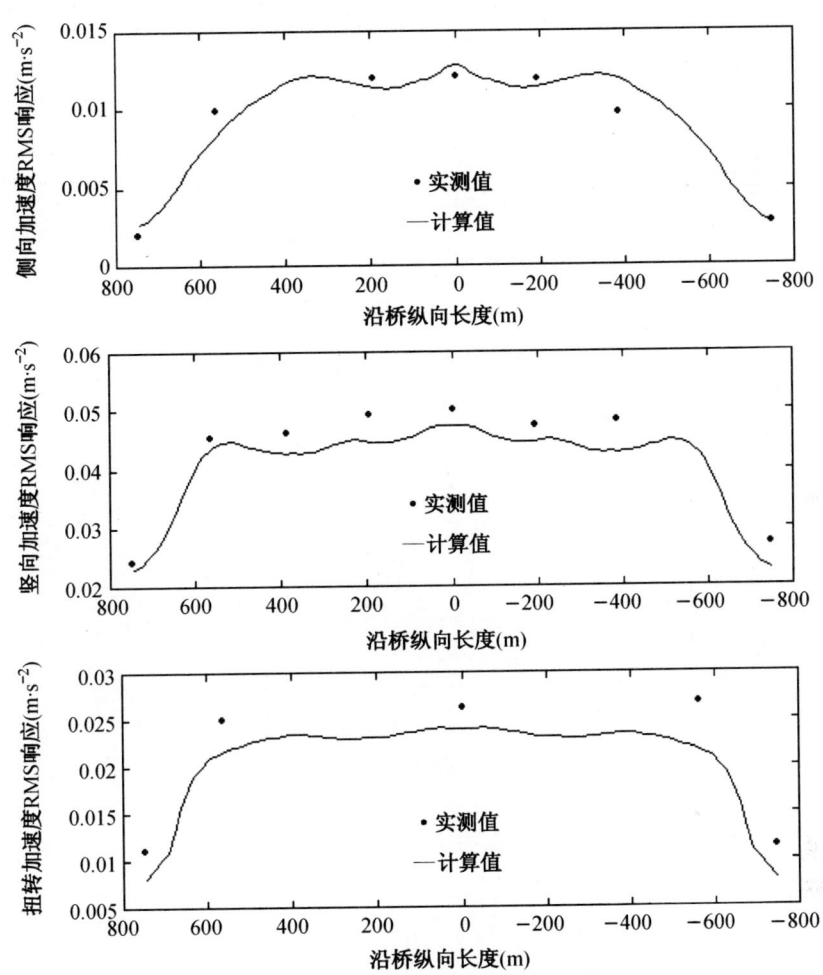

图6.10 主梁跨中加速度 RMS 响应计算和实测值

围的刚性区域所致,因而该范围内主梁出现了近似的共同振动,这点与第2章关于中央扣的研究结果得到了相互验证。

(3) 对比以上三个图可知,从梁端截面开始,竖向和扭转振动响应值迅速增大,在1/8截面就已接近最大值;侧向振动响应虽然也是从梁端截面开始一直增大,但直到1/4截面才开始接近最大值,然后开始波动,其上升过程的斜率较小。这点与已有相类似桥梁的研究结论相同,主要是由悬索桥三个方向振动响应本身的特点决定的。

2) 主梁计算与实测加速度响应的频谱对比分析

通过对"麦莎"台风作用下,润扬悬索桥主梁跨中截面侧向、竖向和扭转加速度响应的计算值进行功率谱密度分析,得到其侧向、竖向以及扭转加速度谱,并将其与实测加速度响应的频谱分析结果(见第5章图5.9)进行对比分析。图6.11为主梁跨中截面计算与实测加速度响应的频谱分析结果对比图。与图5.9相同,图中所有加速度谱值均采用对数坐标,横坐标仍采用线性坐标。

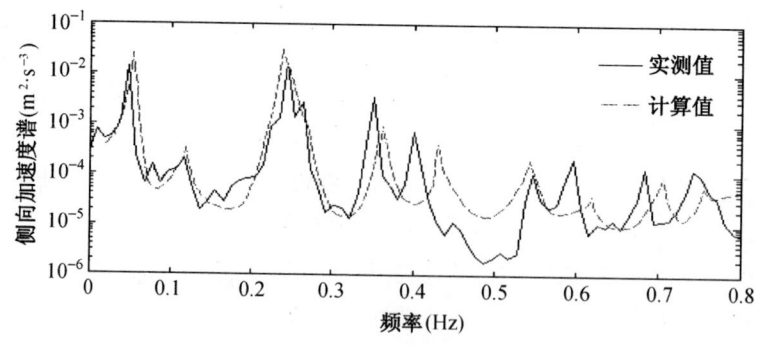

(a) 计算与实测侧向加速度响应的功率谱密度

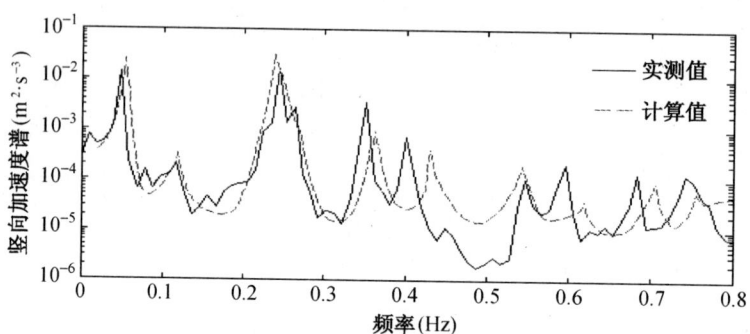

(b) 计算与实测竖向加速度响应的功率谱密度

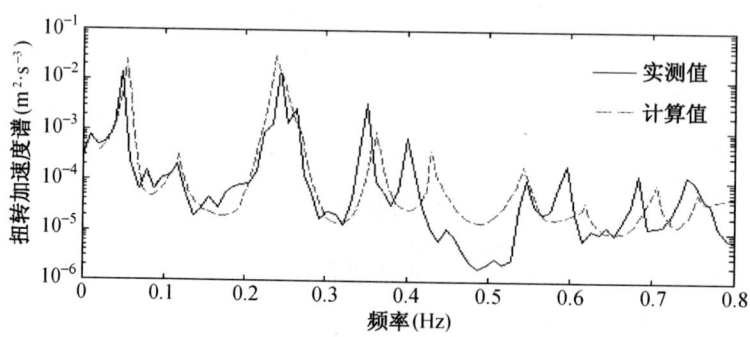

(c) 计算与实测扭转加速度响应的功率谱密度

图 6.11 主梁跨中(ZLZD4)截面计算与实测加速度响应的功率谱密度

根据第 5 章的分析结果，主梁跨中截面两竖向振动传感器的振动特性非常相似，因此考虑到这一分析结果，其中竖向仅采用了上游 ZLZD4-2 传感器的实测结果。另外为了便于进行对比分析，计算结果同样采用了加 Hamming 窗技术进行处理。可以看出计算结果由于受各种外界的干扰因素较少，与测试结果相比，其功率谱曲线显得更为平滑，毛刺较少，但就本书实测案例研究而言，无论样本数量取为多大以及改变 Pwelch 函数的其他参数，对应功率谱曲线的光滑程度都无法达到由频域抖振响应计算所得的结果。另外，对图 6.11 进行分析还可知：

(1) 总体而言,无论是侧向还是竖向或扭转加速度响应的功率谱,其计算与实测结果在低频范围内都能够较好地吻合,这也是上述加速度响应 RMS 值能够比较吻合的原因所在。但相对而言在高于 0.028 Hz 的频率范围内,计算与实测结果之间的吻合程度大大下降,这可能是由于紊流高频段的能量成分本身波动较大,时域化过程产生了较大的偏差造成的。

(2) 频谱分析的主要目的之一就是要研究结构的各种频率成分对结构响应所作的贡献。与低频范围内响应谱值的吻合程度相比,高频范围内的吻合程度明显有所下降,但这并不会导致主梁加速度 RMS 响应不可接受误差的产生。这主要是由于高频范围内的响应谱值相对较小,因而结构的高阶频率成分对最终的结构抖振计算结果的贡献较小。

(3) 由图 4.11 所示"麦莎"台风本身的紊流功率谱密度可知,"麦莎"台风的能量成分绝大多数位于 0.02~1.2 Hz 之间,其中低频段的能量成分所占比重较大,与其他江浙沿海登陆台风类似。该台风的另一特点是能量分布在总体上较为均匀,基本包含了 0.02~1.2 Hz 范围内润扬悬索桥的全部振动频率,这就使得结构的前几阶主要振型大都被激发出来了,能够很方便地从图中识别出结构的一阶正(反)对称侧弯、一阶正(反)对称扭转以及一阶对称竖弯等振型频率,但也有一些模态如结构的一阶反对称竖弯模态等几乎未被激振起来。

(4) 图 6.11 中的三个图当中,计算与实测扭转加速度响应的功率谱密度对比图差别最大,在第一个峰值就存在差别,这是造成计算与实测扭转速度响应 RMS 值误差较大的主要原因,说明修正后的模型其计算与实测扭转频率仍不能够非常好地吻合。因此,采用脊骨梁模型进行大跨度桥梁结构的有限元模拟时,准确地模拟结构体系的抗扭刚度是建模的关键点所在。

6.4.3 缆索抖振加速度响应对比分析

1) 缆索实测加速度 RMS 响应计算与实测结果的对比分析

与对主梁所进行的分析相似,对"麦莎"台风作用下润扬悬索桥缆索的计算与实测侧向、竖向加速度信号也进行了 RMS 响应分析。由于主梁跨中风速仪安装在迎风侧,因此本次实测风特性为迎风侧的风特性,因此选择了迎风侧的缆索进行研究。所选时段"麦莎"台风作用下润扬悬索桥的迎风侧缆索各测点的计算及实测加速度 RMS 响应值见表 6.2。

表 6.2 主缆加速度 RMS 响应计算与实测结果比较(m/s²)

缆索测点		LZD1-2	LZD2-	LZD3-3	LZD3-4	LZD4-2
侧向	计算值	0.012 6	—	0.016 7	—	0.012 6
	实测值	0.015 3	—	0.019 3	—	0.016 7
	偏差	−17.6%	—	−13.5%	—	−24.6%
竖向	计算值	—	—	—	0.046 9	—
	实测值	—	—	—	0.051 0	—
	偏差	—	—	—	−8.0%	—

注:两边缆测试截面 LZD1 和 LZD4 只进行了横向振动测试。

由表 6.2 可见:

(1) "麦莎"台风作用下缆索各测点的计算与实测加速度 RMS 响应值之间存在着一定

的差别,主缆和边缆上所有测点的偏差绝对值均在8%以上,而且对应三个侧向振动的偏差绝对值都在13.5%之上,因此总体而言,主缆比主梁振动响应的偏差值更大。但另一方面所有的偏差值都小于25%,说明通过计算值可以大致地估算出主缆的加速度RMS响应值,在没有实测值的情况下,可以采用式(6-10)估算气动阻力和气动侧力系数值。

(2) 主缆测点的偏差值均比两岸边缆的小,这除了由于计算中采用的是跨中实测风特性之外,另外一个重要原因是边跨未设置吊杆,使得边缆在振动过程中所受的约束条件较少,这加大了边缆在振动过程中的随机性,使得两岸边缆的振动RMS响应实测值本身就存在一定的差别。由于吊杆的联系作用,主缆的振动则在很大程度上受到主梁的约束和控制。

(3) 对比表6.2和表6.1可知,与主梁竖向振动RMS响应的偏差值较侧向的略小相同,主缆的竖向振动RMS响应的偏差值也比侧向的更小,再一次说明了润扬悬索桥主缆和主梁振动之间的相互耦合作用,使得这二者之间的振动是相互影响的。

(4) 表6.2中还反映出一个非常值得注意的问题,就是所有测点各项振动的计算值均小于实测值,最接近的主缆4分点竖向振动(LZD3-4测点),其计算值也比实测值小8%,另外表6.1表明,主梁竖向与扭转加速度RMS响应的计算值也均比实测值小,而且这样的计算值还是在气动导纳函数偏于安全地取值下获得的,这样的计算结果明显地低估了结构的加速度RMS响应。由于是经过了修正的基准有限元模型,建模时在缆索单元中输入了实测索力,缆索体系本身的刚度模拟应该是较准确的。因此计算值偏小的原因除了气动系数的取值、缆索本身的有限元离散等之外,一个可能的重要原因是斜风分解理论本身。由于斜风分解理论隐含了"当来风方向垂直于桥跨时抖振响应最大"这样一个假设,已有研究结果表明[41],这可能并不是完全准确的。

必须指出,由于大跨度悬索桥抖振响应计算和实测过程受大量复杂因素和不确定因素的影响,再加上主缆上的实测数据有限,上述推断性结论很可能并不全面,随着今后SHMS系统实测数据的不断增多,将对上述结论进行进一步分析和验证。为了进一步研究"麦莎"台风作用下润扬悬索桥缆索系统的抖振响应,图6.12绘制了计算值与实测值之间的对比图。

图6.12中,横轴为沿桥跨方向,包括主跨和两边跨的全部范围,中心点仍取在跨中截面;纵轴为缆索截面计算和实测加速度的RMS响应值,计算与实测结果的处理方式同图6.10。图中可以明显地看出,各方向加速度RMS响应的实测值与计算值之间均存在着一定的误差,且计算值均比对应的实测值要小。另由图6.12还可知:

(1) 与图6.10进行对比可知,与主梁侧向振动在1/4~3/4主跨之间存在较大波动不同,主缆的侧向振动RMS响应值从主塔截面开始就迅速攀升,在1/8~7/8主跨范围内的变化值均很小,但主梁与主缆的竖向振动响应则体现出了较强的相似性,这主要是由于吊杆没有侧向刚度,使得主梁和主缆侧向振动之间的关联性不及竖向振动强。

(2) 两个图进行对比可知,就侧向振动(面外振动)RMS响应而言,边缆的峰值与主缆差不多,但竖向振动(面内振动)相差很大,主缆比边缆大得多。这主要是由于边缆未设置吊杆,又存在较大的初应力,其面内面外的刚度值比较接近,但主缆的面外刚度显然小于其面内刚度,使得其竖向加速度RMS响应值大于侧向。

第6章 台风作用下大跨度悬索桥抖振响应时域分析与实测对比研究

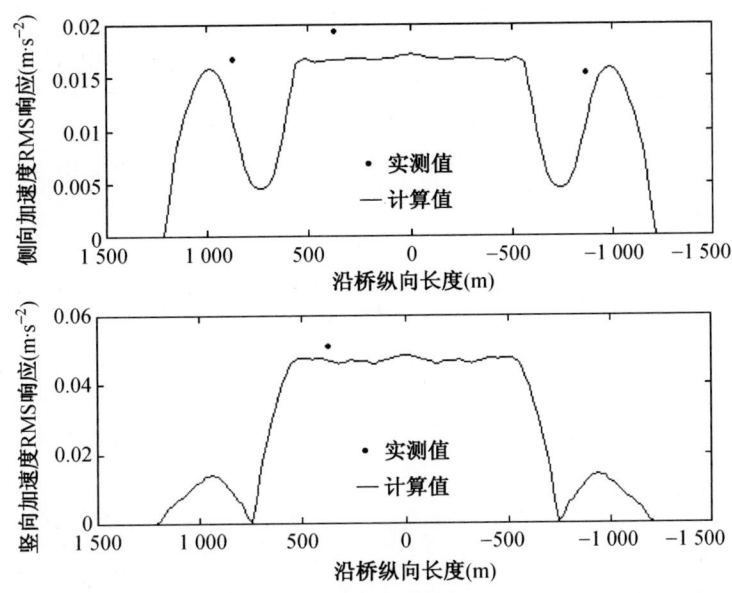

图6.12 缆索跨中加速度RMS响应计算和实测值

（3）无论是侧向还是竖向振动RMS响应，其最大值均出现在主缆的跨中截面，两图中的跨中截面均出现了明显的峰值。这除了是由悬索桥本身的构造特点所致之外，中央扣的刚性连接作用可能是一个重要的原因。

2）缆索计算与实测加速度响应的频谱对比分析

与对主梁振动响应实测数据的分析方法相似，对所选时段润扬悬索桥缆索各测试截面的侧向、竖向加速度计算值也进行了功率谱密度分析，数据处理的方法同主梁，并将其与实测加速度响应的频谱分析结果（见第5章图5.11）进行对比分析。图6.13为缆索相应各截面计算与实测加速度响应的频谱分析结果对比图。与图5.11相同，图中所有加速度谱值均采用对数坐标，横坐标仍采用线性坐标。图中同时列出了同一截面上、下游的测试结果。

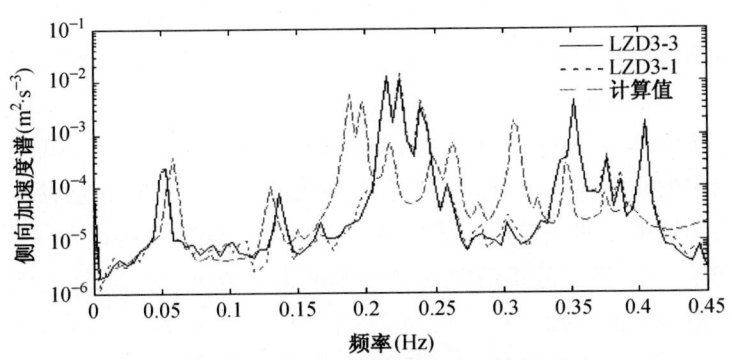

(a) 计算与实测主缆侧向加速度响应的功率谱密度

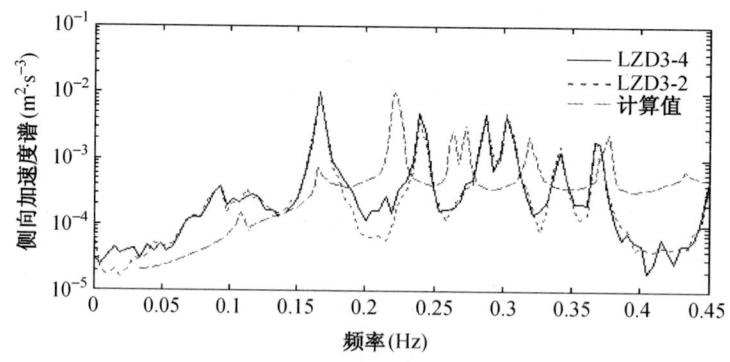

(b) 计算与实测主缆竖向加速度响应的功率谱密度

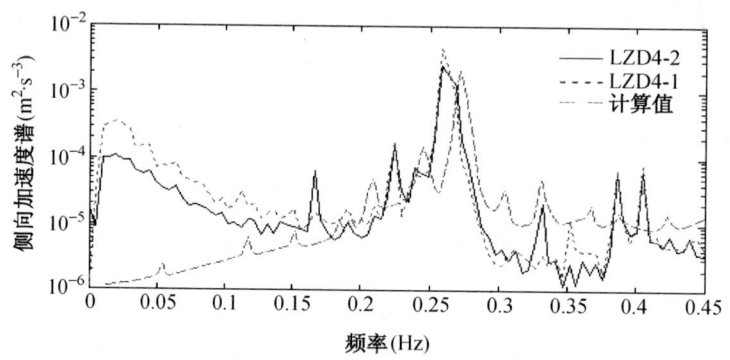

(c) 计算与实测南岸边缆侧向加速度响应的功率谱密度

图 6.13 缆索计算与实测加速度响应的功率谱密度

考虑到结构的对称性,以上仅分析了南岸边缆侧向加速度响应的功率谱密度,北岸边缆可参见图 5.11。由图 6.13 可知,主缆抖振响应计算值的功率谱曲线也比实测值更加光滑,但很明显,该计算值与实测值功率谱曲线之间的吻合程度较主梁差,曲线的一些峰值也不太吻合,这主要是由于索力受温度变化的影响较大,使得缆索的自振频率随季节变化而有所改变,现进一步分析如下:

(1) 对比图 6.13 和图 6.11 可知,主缆抖振响应计算值与实测值功率谱曲线之间的吻合程度比主梁差,这也是导致表 6.2 中的偏差值总体上要大于表 6.1 的原因所在,除了上述由于索力所致自振特性模拟的不准确之外,采用式(6-10)估算气动阻力和气动侧力系数值也是主要原因之一。

(2) 为了能够与图 5.11 进行相同条件下的对比分析,且分析表明低频部分对边缆侧向和竖向加速度响应的贡献较小,因此未对实测数据进行滤波处理,这就使得边缆计算与实测加速度响应的功率谱密度曲线在低频部分存在着很大的偏差。为此可设计滤波器,在对实测加速度数据进行 FFT 频谱分析前对其进行数值带通滤波。这同时也反映出边缆的振动响应更加易受其他因素的干扰。

(3) 图 6.13(c)表明,边缆计算与实测加速度响应的功率谱密度曲线吻合得不如主缆好,这也是导致表 6.2 中边缆对应的偏差值要明显大于主缆的原因之一,另外一个原因是由于边跨未设吊杆,约束条件减少,使得振动过程更加自由,振动的随机性增强。另外风场参数的选取也是导致边缆偏差值更大的原因之一,这点在分析主梁时已进行了说明。

(4) 对比图 6.13 和图 6.11 还可知,主缆与主梁之间的振动存在非常明显的相互耦合关系,被"麦莎"激振起来的主梁的各阶振动大都伴随着主缆的同步振动。但由表 2.5 可知,大跨度悬索桥体系存在着很多仅包含缆索自身振动的模态,这便使得主缆比主梁激振起了更多的频率。另外还可知,主梁、主缆以及边缆三者之间的振动也存在一定程度的相互影响,且同一构件的不同方向振动之间也存在一定程度的耦合。

6.5 本章小节

由于抖振响应在频域内只能进行线性分析,因此并不能够很好地应用于大跨度悬索桥等非线性结构体系。同时,目前桥梁结构的抗风问题大都由专业人员通过开发专用的有限元分析程序来完成,并不适于在普通桥梁工程技术人员中推广应用,因此,如何利用现有的通用有限元程序如 ANSYS、ABAQUS、ADINA 等来进行桥梁抗风设计,通过对这些软件的二次开发来实现大跨度桥梁结构抖振响应的时域分析,引起了桥梁风工程研究人员的关注。

本章在对现有抖振分析理论进行总结介绍的基础上,发展了一套基于通用有限元软件 ANSYS 平台计算斜风作用下大跨度悬索桥抖振响应的时域分析方法。在该方法当中,气动自激力以单元气动阻尼矩阵和单元气动刚度矩阵的形式输入,即采用 ANSYS 单元库中的 Matrix27 单元进行模拟。同时结合 SHMS 系统实测风特性数据本身的特点,对 Scanlan R H 教授基于平均风分解法的斜风作用下桥梁抖振响应分析方法进行了改进,在上述基础上编制了全部的相关计算程序,实现了直接由 SHMS 实测风环境数据得到结构的抖振响应。

为了验证本书所发展的斜风作用下桥梁抖振时域分析方法的可靠性和有效性,以"麦莎"台风(斜风)作用下的润扬悬索桥为工程背景,进行了该桥抖振响应的现场实测结果和基于现场同步实测风场参数的抖振分析结果之间的对比分析,总体上取得了较好的结果,使本书方法在一定程度上得到验证。在此基础上结合对该桥进行的数值计算与现场实测抖振响应结果,研究了强风作用下大跨度悬索桥主梁和主缆的抖振响应特征,探讨了影响大跨度悬索桥抖振响应的关键因素,为其他同类型大跨缆索承重桥梁的抗风研究提供了参考。

然而必须指出,由于本研究工作仅仅是建立在"麦莎"台风作用下的润扬悬索桥这样一个孤立的实测案例研究基础之上,而且采用本书方法所得计算结果与实测结果之间也还存在着非常明显的差别。考虑到大跨度桥梁抖振响应分析影响因素多而复杂,而且本书的测试数据有限,尤其是缆索振动响应的测试数据太少,再加上平均风速也不是足够大,抖振分析中一些关键因素的影响未得到充分体现,因此本书方法还需要今后更多的实测案例研究来进一步验证,并且同时对该方法进行改进和精细化研究,以进一步提高分析结果的可靠性和实用性。可以预知,随着 SHMS 实测数据的增多和研究工作的不断深入,斜风作用下大跨度悬索桥抖振响应在理论分析方法上和现场实测技术上,都将得到进一步的完善。

第 7 章 总结与展望

7.1 主要研究工作总结

1940 年美国 Tacoma 悬索桥发生的颤振风毁事故的发生,使得桥梁结构的抗风研究至今仍是桥梁工程界非常活跃的研究热点。对于大跨度缆索承重桥梁而言,随着桥跨的不断增加,结构刚度大幅下降,使得风致振动对其安全性的影响尤为重要。目前,通过对桥梁截面进行优化和提高结构刚度,已经基本可以避免大跨桥梁在设计使用期限内发生风致颤振,然而随着跨度及桥宽的不断增加,使得桥梁风致抖振问题变得日益突出,桥梁抖振分析理论的精细化以及现场实测研究也因此成为桥梁风工程领域的关键科学问题之一。作为桥梁抖振精细化研究的重要手段之一,既有桥梁抖振响应现场实测研究可用于检验现有桥梁抖振响应计算理论、确定桥梁抖振计算中的关键影响因素,以及分析大跨桥梁结构的抖振性能及其机理,因而具有重大的理论和实际意义。

桥梁结构健康监测也是近年来桥梁工程领域非常活跃的研究热点之一。为了确保大跨度桥梁的安全运营,掌握使用过程中结构的健康状况,国内外许多重要的大跨度桥梁都已建立或正在建立结构健康监测系统(SHMS),对结构的静动力学行为和所处的环境状态进行实时监测。随着对结构健康监测领域研究工作的不断深入,目前对该领域的研究工作已取得一些很有价值的研究成果。然而由于起步较晚,加上结构健康监测本身的多学科性和复杂性以及受到测试技术、环境变化等因素的制约,使得大量的研究工作在很大程度上还处于探索阶段,还存在许多软硬件以及理论方法方面的关键问题没有得到真正的解决,如利用 SHMS 数据进行结构模型修正、损伤识别和状态评估等。

近年来,全球气候变化较大,台风显得更加猖獗,给人类生命财产造成了巨大的危害,这其中 2005 年 8 月的"麦莎"台风被称为"江苏省本世纪最大台风",其影响也是 21 世纪以来最严重的。本书以"麦莎"台风作用下的润扬悬索桥为研究对象,紧紧围绕大跨度悬索桥 SHMS 和风致抖振响应两大研究热点,利用动静载试验数据以及 SHMS 中风速仪和加速度传感器实时采集的数据,理论与试验相结合,开展大跨度悬索桥动力特性及其影响因素、有限元建模策略、桥址区实测近地风特性、风致抖振时域分析实用方法及实测案例研究,主要的创新性工作和结论如下:

(1) 基于 ANSYS 平台实现了大跨度悬索桥这一典型非线性结构体系的模态分析方

第 7 章　总结与展望

法,在此基础上结合润扬悬索桥这一设中央扣的超大跨度悬索桥的特点,深入研究了该大跨度悬索桥的动力特性及其影响因素。其中重点研究了国内首次采用的刚性中央扣的多精度模拟技术及其对大跨度悬索桥动力特性的影响,结果表明,在几个起控制作用的方面,中央扣比跨中短吊杆更利于大跨悬索桥的抗风抗震,同时只要模拟方法正确,中央扣的模拟精度对该桥动力特性的影响很小,为今后刚性中央扣结构在大跨度悬索桥中的广泛应用提供参考;同时还研究了土-桩-结构相互作用因素对大跨度悬索桥动力特性的影响,结果表明土-桩-结构相互作用对润扬悬索桥动力特性的影响很小,分析中可不予考虑,这样能够在保证计算结果可靠性的基础上,大大简化计算,为该桥模型修正和风致抖振研究工作中模型的采用提供了依据。

(2) 基于灵敏度的物理意义以及罚函数的思想,提出了一种结构有限元模型修正的新方法。该法以自振特性为目标函数,以结构设计参数为待修正参数,但其中设计参数的上下限主要根据测试所得静力响应值和理论值的对比以及工程经验来确定,因此修正后的模型的静力响应也必定与实测结果更加吻合。考虑到大跨悬索桥结构明显的几何非线性特征以及充分利用现有通用程序,本书基于 ANSYS 软件提供的优化算法进行模型修正,并进行了各种优化算法的对比分析验证以及优化过程中参数的合理选取研究。采用本书提出的模型修正方法对润扬悬索桥进行成功修正之后,采用实测静力响应数据对修正后的模型进行了验证,分析结果表明,在动力特性和静力响应两个方面,修正后的模型所得计算结果都能更加接近实测结果,证明了本书方法在大跨度悬索桥模型修正中的有效性及其实用性。结果还表明,模型修正并不能完全消除计算值与实测值之间的误差,甚至可能出现修正之后的模型某些方面误差比初始模型更大的情况,对于大跨度悬索桥结构模型修正而言,不能完全寄希望于修正方法的改进,应同时将有限元模拟精细化以及结构模态识别技术的改进和创新作为将来研究工作的重点。

(3) 以"麦莎"台风经过时 SHMS 中风速仪实时采集的数据为例,研究了润扬悬索桥桥址区的强风特性,得到了"麦莎"台风的平均风速、平均风向、风速沿高度变化规律、紊流强度、阵风因子、紊流积分尺度、紊流功率谱密度函数等强风特性,并将其与规范进行了对比。结果表明,桥址区风速随高度的变化规律能够很好地吻合《规范》建议的式(4-1),且对于该桥址区而言,式(4-1)在刚超过 200 m 高度处仍有很好的适用性,为确定桥址区的强风风速廓线提供了参考依据;"麦莎"台风的脉动强度较大,且横风向紊流强度值是顺风向的 0.95 倍,即 $I_v = 0.95 I_u$,表明该桥址区的强风特性与规范建议有一定差别;该台风顺风向紊流积分尺度大都分布在 20~80 m 区间内,横风向紊流积分尺度主要集中在 10~50 m 区间内;实测脉动风的功率谱密度函数在水平方向总体上能够与 Kaimal 谱符合,但低频段偏低,高频段偏高,实测脉动风在水平方向上的紊流动能分布向高频段偏移,使得拟合出的谱曲线并不能很好地吻合实测谱。分析结果为大桥风致抖振分析提供了依据,同时为确定适合我国东部沿海地区的强风特性及风谱模型提供了参考。

(4) 进行了台风作用下润扬悬索桥抖振响应的现场实测研究。采用时频分析和统计分析等方法,对台风"麦莎"经过时 SHMS 中加速度传感器实时采集的数据进行了处理与分析，主要内容包括主梁和缆索的振动响应与风速的关系、振动响应的 RMS 分析、频谱分析、上下游缆索振动响应的对比分析等。主要结论包括：就主梁振动而言，其竖向加速度要比侧向加速度大得多，且竖向和侧向加速度 RMS 响应的最大值均出现在跨中截面，往南北两岸均呈现出递减的趋势，但从跨中到 1/8 跨的变化都不大，到两梁端截面由于受到支座的约束作用而大幅度下降，扭转加速度 RMS 响应则从 1/8～7/8 跨均变化很小，但在两梁端截面响应均大幅度下降；就缆索振动而言，与主梁的振动响应相似，主缆的竖向加速度要比侧向加速度大得多，并且主缆的振动响应要比两岸边缆的大；迎风侧与背风侧缆索的振动特性相近，且由于吊杆在缆索和主梁之间的联系作用，而南北岸边缆未设吊杆，上下游主缆振动响应的吻合程度比边缆更高，南北两岸边缆的振动特性也体现出很强的相似性，无论是竖向还是侧向，主缆还是边缆，上游（迎风侧）缆索的加速度 RMS 响应均明显要大于下游（背风侧），但同一截面上下游响应值相差很小；就结构振动响应与平均风速之间的关系而言，随着风速的增大，主梁侧向、竖向以及扭转加速度 RMS 响应总体上均有增大的趋势，缆索的振动响应也呈现随风速增大而增大的趋势，且由于边缆未设吊杆，这点表现得比主缆振动更为明显；主梁和缆索加速度响应的频谱分析结果均表明，润扬悬索桥动力特性的实测结果与有限元计算结果总体上吻合良好，证明了有限元分析模型的可靠性，为下一步该桥抖振响应有限元分析与实测案例对比研究奠定了基础。

(5) 在对现有抖振分析理论进行总结介绍的基础上，发展了一套基于通用有限元软件 ANSYS 平台计算斜风作用下大跨度悬索桥抖振响应的时域分析方法。在该方法当中，气动自激力以单元气动阻尼矩阵和单元气动刚度矩阵的形式输入，即采用 ANSYS 单元库中的 Matrix27 单元进行模拟，其中将主梁断面的颤振导数以 TABLE 方式进行存储，再根据风速数据确定用于模拟刚度矩阵和阻尼矩阵的 Matrix27 单元的参数，得到用于抖振分析的润扬悬索桥有限元计算模型。同时结合 SHMS 系统实测风特性数据本身的特点，对 Scanlan R H 教授基于平均风分解法的斜风作用下桥梁抖振响应分析方法进行了改进。在上述基础上采用 MATLAB 和 ANSYS 相结合编制了全部的相关计算程序，从而实现了直接由 SHMS 实测风环境数据得到结构的抖振响应。为了验证本书所发展的斜风作用下桥梁抖振时域分析方法的可靠性和有效性，以"麦莎"台风（斜风）作用下的润扬悬索桥为工程背景，进行了该桥抖振响应的现场实测结果和基于现场同步实测风场参数的抖振分析结果之间的对比分析，总体上取得了较好的结果，使本书方法得到验证。另一方面，本书计算结果与实测结果之间在很多地方还存在着非常明显的差别，考虑到大跨度桥梁抖振响应分析影响因素多而复杂，因此本书方法的可靠性还需要更多的实测案例研究来进一步验证，并且同时对该方法进行改进和精细化研究。研究成果应用于实测斜风作用下润扬悬索桥的抖振响应有限元分析。

在上述全部研究工作的基础上，将有限元数值模拟与 SHMS 现场实测研究结果进行对比和总结，验证了本书基于分解法的大跨度悬索桥抖振响应时域分析方法的可靠性，探讨了大跨度悬索桥抖振响应分析的关键影响因素，研究了强风作用下大跨度悬索桥尤其是主梁和缆索的抖振响应特征，分析了大跨度悬索桥抖振响应的机理。研究结果为其他同类型大跨缆索承重桥梁的抗风研究提供了参考。

7.2 未来研究工作展望

虽然在大跨度桥梁的健康监测和风致抖振领域都取得了长足的进步,然而,桥梁工程的这两大研究领域都还存在着一些薄弱点。作为以上两大非常复杂的系统工程的结合,基于 SHMS 实测数据的大跨度桥梁风致抖振实测案例研究涉及多个不同的研究领域,面临的是桥梁现场复杂多变,甚至极其恶劣的测试环境,再加上现场实测所需仪器设备费用昂贵,斜风作用下大跨度桥梁抖振响应分析的研究报道为数很少,以上都使得目前尚有许多有待进一步研究的问题,现列举该方向几个关键的科学问题如下:

(1) 大跨度桥梁有限元模型的实时修正

本书所进行的润扬悬索桥有限元模型修正是建立在成桥试验基础之上的,该模型为结构的健康监测、状态评估以及抗风抗震等研究工作奠定了基础。然而当桥梁服役一段时期后,桥梁结构的材料性能和使用功能也必然发生一定程度的退化,此时基于成桥试验数据修正之后的模型与当前的实际结构之间必定存在差异。因此,为了使得修正后的模型能够尽可能地反映出结构当前的真实状况,必须利用大桥 SHMS 实时监测得到的各种响应信息,对其进行不断地验证、更新和完善,进行大跨度桥梁有限元模型的实时修正。同时,通过比较重新修正之后的模型与原始修正模型二者的差别,来进行大桥的损伤定位与评估。

(2) 进一步的风特性现场实测

风特性的现场实测对结构风工程学科的发展具有重要价值。然而我国这方面工作的总体水平相对比较薄弱,沿海地区强风特性的实测记录还很缺乏,目前在抗风研究中主要采用基于国外研究成果的风特性参数。由于风特性受地理位置等因素的影响,这些风特性参数能否适用于我国的特定地理位置和环境还有待进一步研究,况且目前国际上常用的几种脉动风速功率谱本身在某些重要频段内差别就较大,甚至以倍计。因此,充分利用好越来越多的 SHMS 风环境实测数据,对沿海地区大气边界层近地强风特性进行深入观测和分析研究工作,以最终确定适合我国各沿海地区的强风特性及风谱模型,对结构风工程的进一步发展具有重要意义。

(3) 进一步的大跨度桥梁抖振响应实测案例研究

抖振是一种非常危险的限幅风致振动,虽然现在已经建立起一套可以用于解决工程抗风设计的方法,但对于风特性参数的合理取值,气动参数,特别是气动导纳函数的识别都存在着一定的难度,识别方法也需要改进,以提高其精度。同时对于较流线形的断面,缩尺模型的雷诺数效应可能使气动参数不真实,其气动等效性需要进一步证实。再加上斜风作用下桥梁抖振响应的分析方法还有待进一步完善,这些因素都是致使目前紊流风响应分析结果与现场实测数据还不能取得一致,需要通过更多典型工程的现场实测案例研究加以对比和验证,以对现行的抖振分析理论进行精细化的改进,甚至建立新的理论和方法[1]。

（4）大跨度桥梁抖振响应的概率性评价方法

由于风是一种随机荷载，因此对于各种风振的安全检验和评价理应采用概率性方法。然而，由于动力可靠度分析在理论上的困难以及分析过程中各种统计参数的缺乏，目前虽然国内外部分学者对几座大桥做了概率性评价的初步探索，但几乎所有国家的抗风设计规范仍然采用基于经验安全系数的确定性方法来进行各类风振的安全检验。包括本书的实测案例对比研究，仍然是采用的确定性方法。在世界桥梁设计规范已经向基于可靠度理论的方向过渡的总形势下，随着动力可靠度分析理论研究的不断深入以及各种统计参数实测数据的不断增多，大跨度桥梁的抗风设计和抖振响应分析都应朝着概率性评价的方向发展。

（5）基于SHMS和CFD技术的大跨度桥梁抖振响应系统集成技术研究

随着钝体空气动力学在理论和算法上的不断进步，大容量的并行计算机更为普及后，CFD被日益证明是一种十分有效和有着巨大发展前景的数值模拟技术，甚至有可能代替风洞试验而成为复杂结构抗风设计的主要手段，是结构风工程领域21世纪追求的目标。编制软件直接调用SHMS实测风特性数据，基于CFD技术得到桥梁的抖振响应及结果图像等信号，再借助于分析计算软硬件平台和计算机网络技术的设计和衔接，最终使之集成在一整套分析总系统当中，以实现强风荷载作用下大跨度桥梁的抖振响应分析及结构全过程动态行为仿真。使人们能够在屏幕上看见结构在灾害性气候条件下的振动景象，并据此来评判桥梁的抗风安全性。

（6）台风作用下大跨度桥梁非平稳抖振研究

值得注意的是，以上大跨度桥梁的抖振响应分析均基于平稳高斯随机风场的假设进行。然而，已有实测研究表明[222]，与传统的大气边界层风特性不同，台风风场具有明显的非平稳特性，风速剖面及其湍流结构将随时间不断变化，传统的平稳随机过程理论已不适用于描述台风风场，有必要将台风模拟为非平稳随机过程，开展台风作用下大跨度桥梁的非平稳抖振响应研究。这方面的工作已开始受到关注，然而目前还处于初步探索阶段，远未深入[223-225]。为此，美国风工程协会前主席Ahsan Kareem院士对结构风效应的数值模拟技术进行了推断，认为由平稳向非平稳研究过渡是未来主要发展趋势之一[226]。

参 考 文 献

[1] 项海帆. 现代桥梁抗风理论与实践[M]. 北京:人民交通出版社,2005
[2] 陈政清. 桥梁风工程[M]. 北京:人民交通出版社,2005
[3] 张相庭. 结构风工程 理论·规范·实践[M]. 北京:中国建筑工业出版社,2006
[4] 黄本才. 结构抗风分析原理及应用[M]. 上海:同济大学出版社,2001
[5] Simiu E, Scanlan R H. Wind effects on structures[M]. New York: John Wiley & Sons, 1996
[6] 李国豪. 桥梁结构稳定与振动[M]. 北京:中国铁道出版社,1996
[7] Davenport A G. Buffeting of a suspension bridge by storm winds[J]. Journal of the Structural Division, 1962, 88(3): 233-268
[8] Scanlan R H, Tomo J. Air foil and bridge deck flutter derivatives[J]. Journal of Soil Mechanics & Foundations Division, 1971, 97(6): 1717-1737
[9] Scanlan R H, Gade R H. Motion of suspended bridge spans under gusty wind[J]. Journal of the Structural Division, 1977, 103(9): 1867-1883
[10] Lin Y K, Yang J N. Multimode bridge response to wind excitations[J]. Journal of Engineering Mechanics, 1983, 109(2): 586-603
[11] Lin Y K. Motion of suspension bridges in turbulent winds[J]. Journal of the Engineering Mechanics Division, 1979, 105(6): 921-932
[12] 钟万勰,林家浩. 大跨度桥梁分析方法的一些进展[J]. 大连理工大学学报,2000,40(2):127-135
[13] Ou Jinping. Some recent advances of intelligent health monitoring systems for civil infrastructures in mainland China[C]. In: Proceedings of the 1st International Conference on Structural Health monitoring and Intelligent Infrastructure. Tokyo, Japan, 2003: 131-144
[14] State-of-the-art in vibration-based structural damage detection: Literature Review[R]. WASHMS Task 7.12 (Report No. 1). The Hong Kong Polytechnic University, January, 1998
[15] Aktan A E, Farhey D N, Brown D L, et al. Condition assessment for bridge management[J]. Journal of Infrastructure Systems, 1996, 2(3): 108-117
[16] 秦权. 桥梁结构的健康监测[J]. 中国公路学报,2000,13(2):37-42

[17] Housner G W, Bergman L A, Caughey T K, et al. Structural control: past, present, and future[J]. Journal of Engineering Mechanics, 1997, 123(9): 897-971

[18] 袁万城, 崔飞, 张启伟. 桥梁健康监测与状态评估的研究现状与发展[J]. 同济大学学报, 1999, 27(2): 184-188

[19] 李宏男, 李东升. 土木工程结构安全性评估、健康监测及诊断述评[J]. 地震工程与工程振动, 2002, 22(3): 82-89

[20] 李爱群, 缪长青, 李兆霞, 等. 润扬长江大桥结构健康监测系统研究[J]. 东南大学学报: 自然科学版, 2003, 33(5): 544-548

[21] Wang H, Li A Q, Miao C Q. FE model and model updating of Runyang Suspension Bridge[C]. In: Proceedings of the 2nd International Conference on Structural Health Monitoring of Intelligent Infrastructure. Shenzhen, China, 2005: 1235-1241.

[22] 郭彤. 大跨悬索桥状态评估实用方法研究与应用[D]. 南京: 东南大学, 2005

[23] 李兆霞, 李爱群, 陈鸿天, 等. 大跨桥梁结构以健康监测和状态评估为目标的有限元模拟[J]. 东南大学学报: 自然科学版, 2003, 33(5): 562-572

[24] 郭力. 面向结构状态评估的大跨桥梁有限元模拟及其应用[D]. 南京: 东南大学, 2005

[25] Bergmeister K, Santa U. Global monitoring concept for bridges[C]. SPIE's 5th Annual International Symposium on Nondestructive Evaluation and Health Monitoring of Aging Infrastructure. International Society for Optics and Photonics, 2000: 14-25

[26] Wang H, Li A Q, Miao C Q. Finite element model updating and validating of Runyang Suspension Bridge based on SHMS[J]. Journal of Southeast University (English Edition), 2005, 21(4): 474-479

[27] 王晖, 项贻强, 汪劲丰. 文晖大桥主跨斜拉桥健康监测评估系统软件功能设计研究[C]. 第三届中-日-美结构健康监测与控制学术研讨会暨第四届中国结构控制年会. 中国大连, 2004

[28] Ko J M, Ni Y Q, Chan H T. Feasibility of damage detection of Tsing Ma Bridge using vibration measurements[C]. SPIE's 5th Annual International Symposium on Nondestructive Evaluation and Health Monitoring of Aging Infrastructure. International Society for Optics and Photonics, 2000: 370-381

[29] 张启伟. 桥梁结构模型修正与损伤识别[D]. 上海: 同济大学, 1999

[30] Mottershead J E, Friswell M I. Model updating in structural dynamics: a survey[J]. Journal of sound and vibration, 1993, 167(2): 347-375

[31] 李惠, 欧进萍. 斜拉桥结构健康监测系统的设计与实现[J]. 土木工程学报, 2006, 39(4): 39-53

[32] Wang M L, Wang G, Zhao Y, et al. Application of EM stress sensors in large steel

cables[C]. In: Proceedings of the Third International Conference on Earthquake Engineering: New Frontier and Research Transformation. Nanjing, China, 2004: 898-904

[33] 高赞明,孙宗光,倪一清. 基于振动方法的汲水门大桥损伤检测研究[J]. 地震工程与工程振动, 2001, 21(4): 117-123

[34] Ren W X, Harik I E, Blandford G E, et al. Roebling suspension bridge. II: Ambient testing and live-load response[J]. Journal of Bridge Engineering, 2004, 9(2): 119-126

[35] 徐丽,易伟建. 框架结构模型修正的理论与试验研究[J]. 湖南大学学报, 2000, 27(2): 88-93

[36] Andersen E Y, Pedersen L. Structural monitoring of the great belt east bridge[C]. In: Proceedings of the 3rd Symposium on Strait Crossings. Rotterdam, Netherlands, 1994, 94: 189-195

[37] Cheung M S, Tadros G S, Brown T, et al. Field monitoring and research on performance of the Confederation Bridge[J]. Canadian Journal of Civil Engineering, 1997, 24(6): 951-962

[38] Li Z X, Chan T H T, Ko J M. Fatigue damage model for bridge under traffic loading: application made to Tsing Ma Bridge[J]. Theoretical and Applied Fracture Mechanics, 2001, 35(1): 81-91

[39] Xu Y L, Zhu L D. Field measurement results of Tsing Ma suspension bridge during Typhoon Victor[J]. Structural Engineering and Mechanics, 2000, 10(6): 545-559

[40] Xu Y L, Zhu L D. Buffeting response of long-span cable-supported bridges under skew winds. Part 2: case study[J]. Journal of Sound and Vibration, 2005, 281(3): 675-697

[41] Zhu L D. Buffeting response of long span cable-supported bridges under skew winds: field measurement and analysis[D]. Hong Kong: The Hong Kong Polytechnic University, 2002

[42] 何旭辉. 南京长江大桥结构健康监测及其关键技术研究[D]. 长沙:中南大学, 2004

[43] Zong Z H, Wang T L, HUANG D Z, et al. State-of-the-art report of bridge health monitoring[J]. Journal of Fuzhou University (Natural Science), 2002, 30(2): 127-152

[44] 黄方林,王学敏,陈政清,等. 大型桥梁健康监测研究进展[J]. 中国铁道科学, 2005, 26(2): 1-7

[45] 谢强,薛松涛. 土木工程结构健康监测的研究状况与进展[J]. 中国科学基金, 2001(5): 285-288

[46] 邬晓光,徐祖恩. 大型桥梁健康监测动态及发展趋势[J]. 长安大学学报:自然科学版,

2003,23(1):39-42
- [47] 姚玲森.桥梁工程[M].北京:人民交通出版社,1999
- [48] 铁道部大桥工程局桥梁科学研究所.悬索桥[M].北京:科学技术文献出版社,1996
- [49] Gimsing N J. Cable-Supported Bridges Concept and Design[M]. New York: John Wiley & Sons, 1983
- [50] 钱冬生,陈仁福.大跨悬索桥的设计与施工[M].成都:西南交通大学出版社,1999
- [51] 裘伯永,盛兴旺,乔建东.桥梁工程[M].北京:中国铁道出版社,2001
- [52] 项海帆.进入21世纪的桥梁风工程研究[J].同济大学学报:自然科学版,2002,30(5):529-532
- [53] 项海帆.结构风工程研究的现状和展望[J].振动工程学报,1997,10(3):258-263
- [54] 范立础.桥梁抗震[M].上海:同济大学出版社,1997
- [55] 项海帆.高等桥梁结构理论[M].北京:人民交通出版社,2001
- [56] 杨孟刚.大跨度悬索桥架设参数的确定及其施工过程的模拟[D].长沙:中南大学土木建筑学院,2001
- [57] 范立础,胡世德,叶爱君.大跨度桥梁抗震设计[M].北京:人民交通出版社,2001
- [58] 王勖成.有限单元法[M].北京:清华大学出版社,2003
- [59] 张志田,葛耀君.悬索桥静动力特性分析的有限板壳单元法[J].结构工程师,2004(4):21-25
- [60] ANSYS 5.7, ANSYS On Line Help, ANSYS Inc. 1999
- [61] 徐伟,李智,张肖宁.子模型法在大跨径斜拉桥桥面结构分析中的应用[J].土木工程学报,2004,37(6):30-34
- [62] 王浩,李爱群,赵大亮,等.润扬悬索桥钢箱梁受力分析及实验研究[J].哈尔滨工业大学学报,2006,38(7):1062-1064
- [63] 蔡金标.大跨度悬索桥空间分析的组合单元法[D].杭州:浙江大学,2002
- [64] Hsu Y T, Fu C C. Application of EBEF method for the distortional analysis of steel box girder bridge superstructures during construction[J]. Advances in Structural Engineering, 2002, 5(4): 211-221
- [65] Sennah K M, Kennedy J B. Literature review in analysis of box-girder bridges[J]. Journal of Bridge Engineering, 2002, 7(2): 134-143
- [66] Guyan R J. Reduction of stiffness and mass matrices[J]. American Institute of Aeronautics and Astronautics Journal, 1965, 3(2): 380-380
- [67] Berman A, Flannelly W G. Theory of incomplete models of dynamic structures[J]. American Institute of Aeronautics and Astronautics Journal, 1971, 9(8): 1481-1487
- [68] Baruch M, Bar Itzhack I Y. Optimal Weighted Orttiogonalization of Measured Modes[J]. American Institute of Aeronautics and Astronautics, 1978, 16(4): 346-

[69] Berman A. Optimal weighted orthogonalization of measured modes-comment[J]. American Institute of Aeronautics and Astronautics, 1979, 17(8): 927-928

[70] Berman A, Nagy E J. Improvement of a large analytical model using test data[J]. American Institute of Aeronautics and Astronautics Journal, 1983, 21(8): 1168-1173

[71] Berman A. Limitations on the Identification of Discrete Structural Dynamic Models[C]. In: Proceedings of the 2th International Conference on Recent Advances in structural Dynamics. Southampton, 1984: 427-435

[72] Kabe A M. Stiffness matrix adjustment using mode data[J]. American Institute of Aeronautics and Astronautics Journal, 1985, 23(9): 1431-1436

[73] Kammer D C. Optimum approximation for residual stiffness in linear system identification[J]. American Institute of Aeronautics and Astronautics Journal, 1988, 26(1): 104-112

[74] Law S S, Chan T H T, Wu D. Super-element with semi-rigid joints in model updating[J]. Journal of Sound and Vibration, 2001, 239(1): 19-39

[75] Law S S, Chan T H T, Wu D. Efficient numerical model for the damage detection of large scale structure[J]. Engineering Structures, 2001, 23(5): 436-451

[76] Chen J C, Garbat J A. Analytical model improvement using modal test results[J]. American Institute of Aeronautics and Astronautics Journal, 1980, 18(6): 684-690

[77] 华宏星,傅志方. 模糊数学在有限元模型修正中的应用[J]. 振动工程学报,1997,10(4):434-439

[78] 杨杰,耿遵敏. 基于复模态的结构有限元动态模型修正理论[J]. 振动与冲击,2002,21(1):30-32

[79] Alvin K. Finite element model update via Bayesian estimation and minimization of dynamic residuals[J]. American Institute of Aeronautics and Astronautics Journal, 1997, 35(5): 879-886

[80] Sohn H. A Bayesian probabilistic approach to damage detection for civil structures[D]. San Francisco: Stanford University, 1998

[81] Beck J L, Katafygiotis L S. Updating models and their uncertainties. I: Bayesian statistical framework[J]. Journal of Engineering Mechanics, 1998, 124(4): 455-461

[82] 陈铁晗. 基于Bayes估计的有限元模型修正[J]. 福州大学学报:自然科学版,2002,30(5):567-570

[83] Lam H F. Structural model updating and health monitoring in the presence of modeling uncertainties[D]. Hong Kong: The Hong Kong University of Science and

Technology, 1999

[84] 黄方林. 结构故障诊断与结构动力修改的若干问题研究[D]. 西安:西北工业大学,1993

[85] 徐张明,高天明. 一种改进的利用频响函数进行有限元模型修正的方法[J]. 振动与冲击,2002,21(3):43-45

[86] 范立础,袁万城. 悬索桥结构基于敏感性分析的动力有限元模型修正[J]. 土木工程学报,2000,33(1):9-14

[87] 夏品奇. 斜拉桥有限元建模与模型修正[J]. 振动工程学报,2003,16(2):219-223

[88] Wu J R, Li Q S. Finite element model updating for a high-rise structure based on ambient vibration measurements[J]. Engineering Structures, 2004, 26(7): 979-990

[89] Farhat C, Hemez F M. Updating finite element dynamic models using an element-by-element sensitivity methodology[J]. American Institute of Aeronautics and Astronautics Journal, 1993, 31(9): 1702-1711

[90] Chen H M, Qi G Z, Yang J C S, et al. Neural network for structural dynamic model identification[J]. Journal of engineering mechanics, 1995, 121(12): 1377-1381

[91] 徐宜桂,周轶尘. 用神经网络方法修正悬索桥动力模型[J]. 振动工程学报,2000,13(1):46-52

[92] 段雪平,朱宏平,熊世树. 神经网络在建筑物有限元模型修正中的应用[J]. 噪声与振动控制,2000,20(2):11-14

[93] Atalla M J, Inman D J. On Model Updating Using Neural Networks[J]. Mechanical System and Signal Processing, 1998, 12(1): 135-161

[94] 张新军. 桥梁风工程研究的现状及展望[J]. 公路,2005,9:27-31

[95] Teunissen H W. Characteristics of the mean wind and turbulence in the planetary boundary layer[R]. Institute for aerospace studies, University of Toronto, 1970

[96] Kato N, Ohkuma T, Kim J R, et al. Full scale measurements of wind velocity in two urban areas using an ultrasonic anemometer[J]. Journal of Wind Engineering and Industrial Aerodynamics, 1992, 41(1): 67-78

[97] Tieleman H W. Wind characteristics in the surface layer over heterogeneous terrain[J]. Journal of Wind Engineering and Industrial Aerodynamics, 1992, 41(1): 329-340

[98] Sparks P R, Reid G T, Reid W D, et al. Wind conditions in hurricane Hugo by measurement, inference, and experience[J]. Journal of Wind Engineering and Industrial Aerodynamics, 1992, 41(1): 55-66

[99] Andersen O J, Løvseth J. Gale force maritime wind. The Frøya data base. Part 1:

sites and instrumentation. Review of the data base[J]. Journal of Wind Engineering and Industrial Aerodynamics,1995,57(1):97-109

[100] Tieleman H W, Mullins S E. The structure of moderately strong winds at a mid-Atlantic coastal site (below 75m)[J]. In: Proceedings of the 5th International Conference on Wind Engineering. Pergamon Press, Oxford, 1980, 1: 145-159

[101] 庞加斌,林志兴,葛耀君.浦东地区近地强风特性观测研究[J].流体力学实验与测量,2002,16(3):32-39

[102] 王亚勇,吕振利.深圳地王大厦测振、测风试验研究[J].建筑结构学报,1998,19(3):58-63

[103] Law S S, Bu J Q, Zhu X Q, et al. Wind characteristics of Typhoon Dujuan as measured at a 50 m guyed mast[J]. Wind and Structures, 2006, 9(5): 387-396

[104] Xu Y L, Zhu L D, Wong K Y, et al. Field measurement results of Tsing Ma suspension bridge during Typhoon Victor[J]. Structural Engineering and Mechanics, 2000, 10(6): 545-559

[105] 王修勇,陈政清,倪一清,等.环境激励下斜拉桥拉索的振动观测研究[J].振动与冲击,2006,25(2):138-144

[106] 李爱群,王浩,谢以顺.基于SHMS的润扬悬索桥桥址区强风特性[J].东南大学学报:自然科学版,2007,37(3):508-511

[107] Scruton C. Aerodynamic buffeting of bridges[J]. The Engineer, 1955

[108] Xiang H F. A state of the art in wind engineering[C]. In: Proceedings of the Ninth International Conference on Wind Engineering. New Delhi, India, 1995

[109] 丁泉顺.大跨度桥梁耦合颤抖振响应的精细化分析[D].上海:同济大学,2001

[110] Boonyapinyo V, Miyata T, Yamada H. Advanced aerodynamic analysis of suspension bridges by state-space approach[J]. Journal of Structural Engineering, 1999, 125(12): 1357-1366

[111] Kovacs I, Svensson H S, Jordet E. Analytical aerodynamic investigation of cable-stayed Helgeland bridge[J]. Journal of Structural Engineering, 1992, 118(1): 147-168

[112] Chen X, Matsumoto M, Kareem A. Time domain flutter and buffeting response analysis of bridges[J]. Journal of Engineering Mechanics, 2000, 126(1): 7-16

[113] 周述华.大跨度悬索桥空间非线性抖振响应仿真分析[D].成都:西南交通大学,1993

[114] 刘春华.大跨度桥梁抖振响应的非线性时程分析[D].上海:同济大学,1995

[115] 曹映泓.大跨度桥梁非线性颤振和抖振时程分析[D].上海:同济大学,1999

[116] 黄汉杰.大跨度悬索桥成桥及施工态颤振、抖振时域分析[D].四川绵阳:中国空气动力研究与发展中心,2004

[117] 华旭刚,陈政清,祝志文.在ANSYS中实现颤振时程分析的方法[J].中国公路学报,2002,15(4):32-34

[118] 杨咏漪,廖海黎,李永乐.基于ANSYS的斜拉桥抖振时域实用分析方法[J].空气动力学学报,2004,22(4):457-460

[119] 曾宪武,韩大建.大跨桥梁风致抖振时域分析及在ANSYS中的实现[J].桥梁建设,2004,(1):9-12

[120] 梁剑青,欧进萍.大跨斜拉桥桥面风致抖振的粘滞阻尼控制分析[J].地震工程与工程振动,2006,26(1):139-144

[121] Miyata T, Yamada H, Boonyapinyo V, et al. Analytical investigation on the response of a very long suspension bridge under gusty wind[C]. In: Proceedings of 9th International Conference on Wind Engineering, New-Delhi, India, 1995: 1006-1017

[122] 李立,郑忠双,廖锦翔,等.基于时频混合格式的桥梁抖振响应计算方法[J].中国公路学报,2005,18(3):70-74

[123] Chorin A J. Numerical study of slightly viscous flow[J]. Journal of Fluid Mechanics, 1973, 57(4): 785-796

[124] Murakami S, Mochida A, Hayashi Y, et al. Numerical study on velocity-pressure field and wind forces for bluff bodies by κ-ε, ASM and LES[J]. Journal of Wind Engineering and Industrial Aerodynamics, 1992, 44(1): 2841-2852

[125] Selvam R P. Finite element modelling of flow around a circular cylinder using LES[J]. Journal of wind engineering and industrial aerodynamics, 1997, 67: 129-139

[126] Okajima A, Kitajima K. Numerical study on aeroelastic instability of cylinders with a circular and rectangular cross-section[J]. Journal of Wind Engineering and Industrial Aerodynamics, 1993, 46: 541-550

[127] Murakami S, Mochida A, Sakamoto S. CFD analysis of wind-structure interaction for oscillating squarecylinders[J]. Journal of wind engineering and industrial aerodynamics, 1997, 72: 33-46

[128] Tamura T. Reliability on CFD estimation for wind-structure interaction problems[J]. Journal of Wind Engineering and Industrial Aerodynamics, 1999, 81(1): 117-143

[129] 祝志文.桥梁风效应的数值方法及应用[D].长沙:中南大学,2002

[130] 项海帆,陈艾荣.特大跨度桥梁抗风研究的新进展[J].土木工程学报,2003,36(4):1-8

[131] Larsen A, Walther J H. Aeroelastic analysis of bridge girder sections based on discrete vortex simulations[J]. Journal of Wind Engineering and Industrial Aerodynamics, 1997, 67: 253-265

[132] Kuroda S. Numerical simulation of flow around a box girder of a long span suspension bridge[J]. Journal of wind engineering and industrial aerodynamics, 1997, 67: 239-252

[133] Matsumoto M, Shiraishi N, Shirato H, et al. Aerodynamic derivatives of coupled/hybrid flutter of fundamental structural sections[J]. Journal of Wind Engineering and Industrial Aerodynamics, 1993, 49(1): 575-584

[134] 李明水, 贺德馨, 李会知. 桥梁节段模型颤振导数的确定[J]. 工程力学, 1995, 12(1): 120-125

[135] Li Q C. Measuring flutter derivatives for bridge sectional models in water channel[J]. Journal of engineering mechanics, 1995, 121(1): 90-101

[136] 顾明, 张若雪. 桥梁气动导数的识别及模型参数对气动导数的影响[J]. 振动工程学报, 1997, 10(3): 420-426

[137] 陈政清, 于向东. 大跨度桥梁颤振自激力的强迫振动法研究[J]. 土木工程学报, 2002, 35(5): 34-41

[138] 李会知, 李思堂. 风洞在桥梁抗风研究中的应用[J]. 郑州工业大学学报, 2001, 22(4): 53-55

[139] Schewe G, Larsen A. Reynolds number effects in the flow around a bluff bridge deck cross section[J]. Journal of Wind Engineering and Industrial Aerodynamics, 1998, 74: 829-838

[140] Matsuda K, Cooper K R, Tanaka H, et al. An investigation of Reynolds number effects on the steady and unsteady aerodynamic forces on a 1:10 scale bridge deck section model[J]. Journal of Wind Engineering and Industrial Aerodynamics, 2001, 89(7): 619-632

[141] 李加武, 林志兴, 项海帆. 典型桥梁断面静气动力系数雷诺数效应研究[C]. 第十一届全国结构风工程学术会议论文集, 2003

[142] Xie J, Tanaka H, Wardlaw R L, et al. Buffeting analysis of long span bridges to turbulent wind with yaw angle[J]. Journal of Wind Engineering and Industrial Aerodynamics, 1991, 37(1): 65-77

[143] Kimura K, Tanaka H. Bridge buffeting due to wind with yaw angles[J]. Journal of Wind Engineering and Industrial Aerodynamics, 1992, 42(1): 1309-1320

[144] Scanlan R H. Bridge buffeting by skew winds in erection stages[J]. Journal of engineering mechanics, 1993, 119(2): 251-269

[145] Kimura K, Nakamura S, Tanaka H. Buffeting analysis for cable-stayed bridges during construction in yawed wind[C]. In: Proceedings of Symposium on Cable-stayed and Suspension Bridges. Deauville, France, 1994, 2: 109-116

[146] Kimura K, Ohara T, Zhong Y H, et al. Lateral sway buffeting of bridge decks due to yawed wind[C]. In: Proceedings of the Tenth International Conference on Wind Engineering: Wind Engineering into 21st Century. Copenhagen, Denmark, 1999, 2: 919-927

[147] Zhu L D, Xu Y L. Buffeting response of long-span cable-supported bridges under skew winds. Part 1: theory[J]. Journal of Sound and Vibration, 2005, 281(3): 647-673

[148] Zhu L, Xu Y L, Zhang F, et al. Buffeting of a long suspension bridge: analysis and field measurement[C]. In: 6th Annual International Symposium on NDE for Health Monitoring and Diagnostics. International Society for Optics and Photonics, 2001: 323-334

[149] Zhu L D, Xu Y L, Zhang F, et al. Tsing Ma bridge deck under skew winds—Part I: Aerodynamic coefficients[J]. Journal of Wind Engineering and Industrial Aerodynamics, 2002, 90(7): 781-805

[150] Zhu L D, Xu Y L, Xiang H F. Tsing Ma bridge deck under skew winds—Part II: flutter derivatives[J]. Journal of Wind Engineering and Industrial Aerodynamics, 2002, 90(7): 807-837

[151] Zhu L D, Xu Y L, Zhang F, et al. Measurement of aerodynamic coefficients of tower components of Tsing Ma Bridge under yaw winds[J]. Wind & Structures, 2003, 6(1): 53-70

[152] Abdel-Ghaffar A M, Nazmy A S. 3-D nonlinear seismic behavior of cable-stayed bridges[J]. Journal of structural engineering, 1991, 117(11): 3456-3476

[153] 胡世德,范立础. 江阴长江公路大桥纵向地震反应分析[J]. 同济大学学报:自然科学版,1994,22(4):433-438

[154] 张宏斌,孔宪京,张哲. 自锚式悬索桥动力特性分析[J]. 公路交通科技,2004,21(7):66-69

[155] Chang C C, Chang T Y P, Zhang Q W. Ambient vibration of long-span cable-stayed bridge[J]. Journal of bridge engineering, 2001, 6(1): 46-53

[156] 王浩,乔建东. 桥梁结构动力特性的有限元分析与试验研究[J]. 公路交通科技,2004,21(6):78-80

[157] 李小珍,强士中. 大跨度公铁两用斜拉桥车桥动力分析[J]. 振动与冲击,2003,22(1):6-9

[158] Xu Y L, Ko J M, Zhang W S. Vibration studies of Tsing Ma Suspension Bridge[J]. Journal of Bridge Engineering, ASCE, 1997, 2(11): 149-156

[159] 宋馨,贾丽君,肖汝诚,等. 大跨度悬索桥在静风荷载下的动力特性研究[J]. 计算力学学报,2001,18(2):221-224

[160] 郑凯锋,夏招广. 宜昌长江公路大桥悬索桥动力试验和计算研究[J]. 中国铁道科学,2002,23(5):101-107

[161] Ren W X, Blandford G E, Harik I E. Roebling suspension bridge. I: Finite-element model and free vibration response[J]. Journal of Bridge Engineering,

2004,9(2):110-118

[162] 何旭辉,陈政清,黄方林,等. 南京长江大桥动力特性研究[J]. 桥梁建设,2003,(4):23-25

[163] 韩大建,苏成. 香港汀九大桥动力特性研究[J]. 华南理工大学学报:自然科学版,1999,27(11):29-35

[164] 徐良,江见鲸. 广州虎门悬索桥的模态分析[J]. 土木工程学报,2002,35(1):25-37

[165] 蔡金标,凌道盛,徐兴. 大跨度悬索桥振动分析的组合单元法[J]. 中国公路学报,2003,16(4):59-62

[166] 王浩,李爱群,杨玉冬,等. 中央扣对大跨悬索桥动力特性的影响[J]. 中国公路学报,2006,19(6):49-53

[167] 王浩,李爱群,韩晓林,等. 土-桩-结构相互作用对大跨悬索桥动力特性的影响研究[J]. 工程抗震与加固改造,2006,28(2):32-35

[168] 江苏省长江公路大桥建设指挥部等. 润扬大桥静动载试验报告[R]. 南京,2005

[169] Penzien J, Scheffey C F, Parmelee R A. Seismic analysis of bridges on long piles [J]. Journal of the Engineering Mechanics Division,1964,90(3):223-254

[170] Cai Y X, Gould P L, Desai C S. Nonlinear analysis of 3D seismic interaction of soil-pile-structure systems and application [J]. Engineering Structures,2000,22(2):191-199

[171] Wolf J P,等. 土-结构动力相互作用[M]. 吴世明,等,译. 北京:地震出版社,1989

[172] 吕西林,陈跃庆,陈波. 结构-地基动力相互作用体系的振动台模型试验研究[J]. 地震工程与工程振动,2000,20(4):20-30

[173] Newmark N M, Rosenblueth E. 地震工程学原理. 叶耀先,译. 北京:中国工业出版社,1986

[174] 孙利民,张晨南. 桥梁桩土相互作用的集中质量模型及参数确定[J]. 同济大学学报:自然科学版,2002,30(4):409-416

[175] Bielak J. Dynamic behaviour of structures with embedded foundations [J]. Earthquake Engineering & Structural Dynamics,1974,3(3):259-274

[176] 王浩,杨玉冬,李爱群,等. 土-桩-结构相互作用对大跨度CFST拱桥地震反应的影响[J]. 东南大学学报:自然科学版,2005,35(3):433-437

[177] 张宁勇,王君杰. 土-桩-桥相互作用的集中质量模型的比较研究[J]. 结构工程师,2002,(1):43-48

[178] 江苏省交通规划设计院. 镇江-扬州长江公路大桥工程可行性研究工程地质勘察总报告[R]. 南京,1998

[179] 屈爱平,高淑英. 梁-墩-桩基的动力特性研究[J]. 西南交通大学学报,2001,36(6):641-644

[180] 王浩. 基于ANSYS的茅草街大桥地震反应分析[D]. 长沙:中南大学,2004

[181] Link M. Updating of analytical models—review of numerical procedures and application aspects[C]. In:Proceedings of Structural Dynamics Forum SD2000. Los Alamos,New Mexico,1999

[182] 郭力,李兆霞,陈鸿天.基于子结构分析的多重子步模型修正方法[J].中国工程科学,2006,8(9):42-48

[183] Jaishi B,Ren W X. Structural finite element model updating using ambient vibration test results[J]. Journal of Structural Engineering,2005,131(4):617-628

[184] 郭勤涛,张令弥,费庆国.结构动力学有限元模型修正的发展——模型确认[J].力学进展,2006,36(1):36-42

[185] Zhang Q,Lallement G. Selective structural modifications:applications to the problems of eigensolutions sensitivity and model adjustment[J]. Mechanical Systems and Signal Processing,1989,3(1):55-69

[186] 关贤军,黄鼎业,尤建新.大跨预应力钢桁架优化设计和最优造价曲线研究[J].土木工程学报,2004,37(8):83-87

[187] 张建民.大跨度钢管混凝土拱桥承载能力与施工控制研究[D].广州:华南理工大学,2001

[188] 李爱群,王浩.大跨悬索桥地震响应控制的阻尼器最优布置方法[J].东南大学学报:自然科学版,2009,39(2):315-319

[189] 袁亚湘,孙文瑜.最优化理论与方法[M].北京:科学出版社,1997

[190] 刘涛,杨凤鹏.精通 ANSYS[M].北京:清华大学出版社,2002

[191] 李枝军.大型桥梁的动力特性分析和测试方法研究[D].南京:东南大学,2005

[192] 丁幼亮,李爱群,缪长青,等.基于环境振动测试的润扬斜拉桥索塔的有限元模拟[J].公路交通科技,2006,23(7):57-63

[193] Zhang Q W,Sun L M. FE model updating of suspension bridge based on vibration measurements[C]. In:The Seventh International Symposium on Structural Engineering for Young Experts. Tianjin,China,2002:793-800

[194] 王济川.建筑结构试验[M].第二版.北京:中国建筑工业出版社,1991

[195] 贾丽君,孙斌,刘煜,等.香港青龙大桥初步设计方案设计受力分析[J].同济大学学报,2001,23(7):57-63

[196] 项海帆.公路桥梁抗风设计指南[M].北京:人民交通出版社,1996

[197] 陈艾荣,王毅.基于小波方法的随机脉动风模拟[J].同济大学学报:自然科学版,2005,33(4):427-431

[198] 王浩,李爱群,谢以顺.台风"麦莎"作用下润扬悬索桥抖振响应实测研究[J].空气动力学学报,2008,26(3):297-303

[199] Brownjohn J M W,Bocciolone M,Curami A,et al. Humber Bridge full-scale

measurement campaigns 1990-1991[J]. Journal of Wind Engineering and Industrial Aerodynamics，1994，52：185-218

[200] Miyata T，Yamada H，Katsuchi H，et al. Full-scale measurement of Akashi-Kaikyo Bridge during typhoon[J]. Journal of wind engineering and industrial aerodynamics，2002，90(12)：1517-1527

[201] Macdonald J H G. Evaluation of buffeting predictions of a cable-stayed bridge from full-scale measurements[J]. Journal of wind engineering and industrial aerodynamics，2003，91(12)：1465-1483

[202] 茹继平. 土木基础设施减灾基础研究进展与趋势[J]. 土木工程学报,2000,33(6):1-5

[203] 赵翔,李爱群,缪长青,等. 润扬大桥结构健康监测系统传感器测点布置[J]. 工业建筑,2005,35(1):82-85

[204] 国家自然科学基金委员会工程与材料科学部. 建筑、环境与土木工程学科发展战略研究报告(2006—2010年)[M]. 北京:科学出版社,2006

[205] 陈伟. 大跨度桥梁抖振反应谱研究[D]. 上海:同济大学,1993

[206] Scanlan R H. The action of flexible bridges under wind，II：Buffeting theory[J]. Journal of Sound and vibration，1978，60(2)：201-211

[207] Jain A，Jones N P，Scanlan R H. Coupled flutter and buffeting analysis of long-span bridges[J]. Journal of Structural Engineering，1996，122(7)：716-725

[208] Ding Q S，Chen A R，Xiang H F. Coupled buffeting response analysis of long-span bridges by the CQC approach[J]. Structural Engineering and Mechanics，2002，14(5)：505-520

[209] Xu Y L，Sun D K，Ko J M，et al. Fully coupled buffeting analysis of Tsing Ma suspension bridge[J]. Journal of Wind Engineering and Industrial Aerodynamics，2000，85(1)：97-117

[210] 顾明,陈甦人. 大跨桥梁气动耦合抖振响应分析的实用方法[J]. 土木工程学报,2004,37(2):33-37

[211] 李明水. 连续大气湍流中大跨度桥梁的抖振响应[D]. 成都:西南交通大学,1993

[212] Katsuchi H，Jones N P，Scanlan R H. Multimode coupled flutter and buffeting analysis of the Akashi-Kaikyo Bridge[J]. Journal of Structural Engineering，1999，125(1)：60-70

[213] 韩大建,谭学民. 香港汀九大桥抖振响应时程分析[J]. 华南理工大学学报:自然科学版,1999,27(11):44-50

[214] 晏致涛. 大跨度中承式拱桥风致振动研究[D]. 重庆:重庆大学,2006

[215] 胡亮,李黎,彭元诚,等. 大跨桥梁抖振时域分析的程序化方法[J]. 中国公路学报,2006,19(6):59-64

[216] 曹映泓,项海帆. 大跨度桥梁随机风场的模拟[J]. 土木工程学报,1998,31(3):72-79

[217] Loredo-Souza A M, Davenport A G. Wind tunnel aeroelastic studies on the behaviour of two parallel cables[J]. Journal of Wind Engineering and Industrial Aerodynamics,2002,90(4):407-414

[218] 陈政清,刘光栋.桥梁风工程研究的若干新进展[J].工程力学,2006,23(增Ⅱ):93-111

[219] 陈艾荣,项海帆.桥梁断面18个颤振导数自由振动识别[J].同济大学学报:自然科学版,2002,30(5):544-550

[220] Chen X Z, Kareem A. Advances in modeling of aerodynamic forces on bridge decks[J]. Journal of Engineering Mechanics,2002,128(11):1193-1205

[221] 李永乐,廖海黎,强士中.考虑桥塔风效应的斜拉桥时域抖振分析[J].空气动力学学报,2005,23(2):228-233

[222] Chen J, Hui M C H, Xu Y L. A comparative study of stationary and non-stationary wind models usingfield measurements[J]. Boundary-Layer Meteorology,2007,122(1):105-121

[223] Schenk C A, Pradlwarter H J, Schueller G I. Non-stationary response of large, non-linear finite elementystems under stochastic loading[J]. Computers and Structures,2005,83(14):1086-1102

[224] 苏成,徐瑞.非平稳激励下结构随机振动时域分析法[J].工程力学,2010,27(12):77-83

[225] 何旭辉,陈政清,李春光.斜拉索风雨振非平稳风场特性分析[J].振动与冲击,2011,30(10):54-60

[226] Kareem A. Numerical simulation of wind effects:A probabilistic perspective[J]. Journal of WindEngineering and Industrial Aerodynamics,2008,96(10-11):1472-1497